民衆宗教を探る

阿弥陀信仰

蒲池　勢至　著

慶友社

阿弥陀信仰　目次

プロローグ――浄土への幻想と現実

長い間、当麻寺で行われる二十五菩薩の来迎会をみたいと思っていた。毎年、五月十四日になると、「あぁ、今年も行けなかった」と一人で繰り返しつぶやいていた。当麻寺《たいまでら》は奈良県葛城市当麻にある。奈良時代初期ごろから続く寺院で、本堂と呼ばれる曼陀羅《まんだら》堂を中心に金堂や講堂、東西三重塔などが残っている。背後には、古代の人びとから信仰されてきた二上山《ふたかみやま》が望まれる。夕日が二上山に沈むころ、仮面劇とはいえ諸菩薩が行列して曼陀羅堂に入っていく姿を想像していた。

数年前、急に思い立ってでかけることができた。午後二時半に到着したが、大変な参詣者であった。参道から山門なかばまで露天商が立ち並ぶ。はやくも、場所取りをしようとする人たちがいた。毎年訪れている近在の人であろう。菩薩が目《ま》の当たりに見える掛け橋近くの場所をとろうとはせず、金堂や講堂のあたりに何人かで座り込んでいた。曼陀羅堂正面からは、下の娑婆堂とされる小さな建物に向かって、長さ一二〇メートルの掛け橋（来迎橋）が造られている。橋の木材には、「狐井講中」「忍海講中」「観音寺講中」「当麻講中」などの名前が大きく墨

図1　当麻寺・聖衆来迎練供養会式

書されていた。

　午後四時過ぎ、本堂で一山の僧侶による読経が始まった。音木《おんぎ》が聞こえてくる。すると本堂右手に隣接している護念院で準備していた諸菩薩が次々とでてきた。いよいよ来迎会《らいごうえ》のお練りが開始である。これに先立ち、中将姫の出家した法如尼像が娑婆堂に運ばれ、来迎和讃を唱えるためか浄土宗の僧侶が下向していった。四時十五分、稚児行列を先頭に楽人や僧侶が曼陀羅堂を出発、続いて天童を先頭に諸菩薩、蓮台を捧げた観音菩薩、合掌した勢至菩薩、天蓋をもった普賢菩薩が来迎橋を渡って娑婆堂に下っていった。到着すると、外からは見えないが、法如尼像から金色の小坐像が取り出されて観音の持つ蓮台に安置されるという。このとき、中将姫は来迎引接《いんじょう》されたことになる。そして、今度は蓮台に乗る小坐像を捧持した観音菩薩と勢至菩薩・普賢菩薩を先頭にして、娑婆堂から曼陀羅堂に向かって行道《ぎょうどう》してきた。帰来迎《きらいごう》である。『観無量寿経』が読誦されているのだろう。マイクをとおして

次当更観　無量寿仏　身相光明　阿難当知。無量寿仏身、如百千万億　夜摩天閻浮檀金色。仏身高。六十万億　那由他　恒河沙由旬　眉間白毫、右旋婉展、如五須弥山。

次にさらに、無量寿仏の身体の相《すがた》と光明を観察すべきである。阿難よ、まさに知るべきである。無量寿仏の身体は、百千万億の夜摩天の閻浮檀金（閻浮樹の大森林を流れる河に産する砂金。もっとも高貴な金）の色のようであり、仏身の高さは六十万億那由他恒河沙《ごうがしゃ》由旬（古代インドの数や距離の単位で、無限の数量の喩え）もある。眉間の白毫《びゃくごう》は、右にめぐってまといからまっており、五つの須弥山ほどの大きさである。

と聞こえてきた。法如尼を引接した観音は、蓮台を左右に振りつつ舞っている。観音菩薩が左

に向いて舞うと、勢至菩薩は反対の右に合掌した手を振って舞っている。午後四時四十五分、ようやく三尊が曼陀羅堂に到着しようとする。日はかなり傾き、講堂や金堂に影ができ、観音の宝冠や諸菩薩の頭光に西日が当たって光っていた。参詣人が拍手するなか、ちょうど午後五時に観音は曼陀羅堂に入った。

　当麻寺の二十五菩薩来迎会は、正式には「聖衆来迎《しょうじゅらいごう》練《ねり》供養《くよう》会《え》式《しき》」という。一大宗教劇である、といってよいだろう。その場にたたずんでみて考えた。参詣者は、いったい何を見ているのだろうか、と。人間が仮面を被って諸菩薩に扮し、曼陀羅堂を極楽、娑婆堂を現世、掛け橋を来迎橋として、中将姫が二十五菩薩来迎によって救済され浄土の世界に往生したことを演ずる劇である。参詣人はこの劇を見ているのであるが、見ているものは現実ではない。矛盾した言い方であるが、参詣者が見ようとしているものは、仏や諸菩薩が来迎してくる姿であり、阿弥陀の浄土ではないのか。また、宗教劇というものは過去の歴史的再現であり、記憶をたぐり寄せる方法である。

　当麻寺の歴史は古い。解体修理によって曼陀羅堂外陣《げじん》上の棟木から永暦二年（一一六一）の銘が発見されたが、内陣には奈良時代の部材が残されていることなどから建物の成立はさらに溯り、奈良時代初期に当麻氏によって造営されたものではないかという。曼陀羅堂の中心は厨子に安置された当麻曼陀羅であり、中将姫によって織られたものとされてきた。人口に膾炙された中将姫伝説は次のとおりである。聖武天皇の御代、右大臣藤原豊成は子供を授かりたいと大和長谷寺に参籠、三七日《さんしちにち》の満願明け方に丈六の観世音菩薩が夢に現れて奥方の紫の前が懐妊したという。そして生まれたのが中将姫であった。姫は六歳の時に母を亡くすと、菩提を弔うために経を読誦したり写経する。後添えがくると、いじめられたり殺されそうになったので、大和当麻寺へ逃れて出家した。天平宝字七年（七六三）六月十五日、十七歳の姫は得度して法如となる。『称讃浄土経』（『阿弥陀経』の異訳）を一千巻写経して奉納したともいう。仏道を精進して「生身《しょうじん》の阿弥陀如来」を見たいと願っていると、六月二十日酉《とり》の刻、一人の禅師が訪ねてきて「生身の阿弥陀如来を見る手伝いをしましょう。大和・河内・近江の三国から蓮の茎を百駄集めなさい」と語ったので、蓮の茎を集めて糸を染め上げた。すると六月二十三日の夕刻、化女と禅尼が現れて、一丈五尺四方の大曼陀羅を織って完成させたのであった。日が昇ると二人は西の空をさして飛び去り、阿弥陀と観音であったという。法如尼は二十九歳で往生したとされている。

当麻寺には国宝の根本曼陀羅（古曼陀羅）が伝わり、当麻信仰の根源になっている。曼陀羅厨子に納められているものは、転写した模本で文亀曼陀羅と呼ばれている。そして当麻曼陀羅は

『観無量寿経』を所依として、善導《ぜんどう》の『観経四帖疏《かんぎょうしじょうしょ》』に基づいて描かれた阿弥陀の浄土であった。厨子には仁治三年（一二四二）の修理銘があり、法然の高弟「沙門証空」の名前や多くの結《けち》縁《えん》者名が記されている。

当麻寺は、当麻曼陀羅と曼陀羅堂を中心にした浄土信仰の寺であったが、中世には「納骨の寺」でもあった。解体修理のときに、納骨五輪塔や曲物形納骨器、竹製納骨器などが発見されている。納骨五輪塔には至徳三年（一三八六）、竹製納骨器には正応二年（一二八九）や延文二年（一三五七）の銘もあり、竹製納骨器は二一〇点ほども残っていたという。

夕日がかかる二上山を背景にした曼陀羅堂に、観音菩薩をはじめとする諸菩薩が帰っていく来迎の姿をまのあたりにする参詣者は、詳しく分からなくても当麻寺の歴史を感じつつ、浄土の世界と往生について想うのであろう。それは浄土への憧憬《あこがれ》かもしれないが、あるいは幻想なのかもしれない。『観無量寿経』のなかで、「浄土はどこにあるのか」と問うた韋提希夫人《いだいけぶにん》に対して、釈尊は「此処《ここ》を去ること遠からず」と答えている。憧憬だけでは、浄土は永遠に分からず幻想に終わってしまう。

さて、本書では「阿弥陀とは何か」「阿弥陀信仰とは何か」を求めて、日本の歴史と民俗のなかに探っていきたい。阿弥陀信仰の歴史と民俗は、奥深く、多様であり、錯綜している。すべてをとらえることはとうていできそうにない。阿弥陀信仰の全体像を知りたい方は、伊藤唯真氏の『未知へのやすらぎ　阿弥陀』が歴史・宗教史・教学・美術史・民俗など各分野を網羅して論じているのでご覧いただきたい。本書では、第一章「仏壇の阿弥陀如来と行事」、第二章「往生と阿弥陀信仰」、第三章「阿弥陀絵像の民俗」という三つの視角から述べてみることとする。また、筆者の立場やこれまでの研究内容から、真宗門徒の阿弥陀信仰が中心になっていることを最初に断っておきたい。引用史料は一部を除いて、読みやすくするために口語訳で掲載した。

第一章　仏壇の阿弥陀如来と行事

仏教に少し関心のある人ならば、阿弥陀如来が西方浄土《さいほうじょうど》の仏であることは知っている。しかし、改めて阿弥陀如来はどんな仏であるのか、そもそも「如来」と「仏」とは同じことなのか違いがあるのか、西方にあるという「浄土」とは何なのか、といったようなことを問うてみると十分に答えたり説明することができないであろう。これから日本人の阿弥陀信仰について、往生・救済・死者儀礼といった視角から考えてみたいが、まず身近な「仏壇の中の阿弥陀」からアプローチしてみよう。

1　真宗門徒の行事と阿弥陀信仰

日常生活のなかの阿弥陀

阿弥陀如来というと極楽浄土の仏であり、たとえば奈良にある浄瑠璃寺の九体阿弥陀仏や京都にある宇治平等院の阿弥陀、洛北三千院の往生極楽院と観音・勢至菩薩が大和座り（正座の姿勢）の阿弥陀三尊、あるいは彼岸の日になると夕日が蔀戸《しとみど》背後からさして極楽浄土のさまを再現する兵庫浄土寺の阿弥陀三尊などを想起する。しかし、こうした造形美術的にすぐれたものは別にして、考えてみると私たちは日常生活のなかで阿弥陀如来を祀ってきた。仏壇の本尊としての阿弥陀である。浄土系の浄土宗や真宗の家であれば、まずかならずといって木像や絵像の阿弥陀如来を安置している。美術的には価値が低いかも知れないが、数量的には仏壇に安置されている阿弥陀が全国で一番多いといって間違いないだろう。毎日の生活のなかで、私たちはあまり自覚していないが阿弥陀如来を信仰してきたのであった。そして、この「自覚せずに」信仰してきたところに、民俗化した阿弥陀信仰の実態がある。

仏壇の阿弥陀如来は、どのように祭祀されてきたのか。現代は生活様式が大きく変化して普通にみられなくなってしまったが、毎朝、どの家でもご飯を炊いていた。そして、オアサジ（晨《じん》朝《じょう》）と呼ばれた勤行をすませたあと、仏壇の本尊にお仏飯を供えていた。夕方になると、食事前にまた勤行する。こうした光景が、かつて真宗門徒の家では多くみられた。八十歳代の方から話を聞くと、「夕食前に仏壇の前で家族そろってお勤めをしないと、ご飯が食べさせてもらえなかった」と言う。石川県や富山県の真宗門徒で、箸を仏壇に日ごろ置いていたところもあった。食事をしようとすると、かならず仏壇の阿弥陀如来に合掌しなければ箸を手にすることができなかったのである。

本尊に毎日供えるお仏飯にも特別な意識をもってきた。昭和十年代までのことであるが、「子供のころ、白いご飯はオブッパンサマと長男だけで、わしらは麦飯だった」という話はよく聞かれた。麦飯といっても麦だけの飯ではなく、米と麦を五対五、ところによっては三対七などの割合で混ぜた飯であった。釜のなかで白米だけを選んでお仏飯に供えていたのである。次男や三男などの子供にとって、それは羨ましい飯であった。滋賀県の近江門徒のなかには、家族のご飯を炊く竈とは別にした竈があって、別火でオブクサン（お仏供さん）を炊いていたところもあったという。それは阿弥陀如来を本尊として祀る仏壇が「聖なる場所」であり、火を別にして炊いた清浄《しょうじょう》なご飯を供えなければいけない、という意識からであった。今は絶滅道具になってしまったが、炊いたご飯を移し替えるお櫃があった。その内側や底に食べ残った米粒をボサツサマ（菩薩さま）と呼んで、一粒の白米も粗末にしてはならないと教えられていた。こうした生活の原点に関わる日常の習慣と信仰は、毎朝、仏壇の本尊である阿弥陀如来にお仏飯を供えるという行為のなかに、自然と形成されてきたものであった。誰かから物をもらえば、まず最初に仏壇に供え、それから食べるようにと親から言われたことなども、まさしく「いただきもの」という世界が生活化した行為であった。

お仏飯を仏壇に供えるのは、なにも木像や絵像の阿弥陀如来が実際にご飯を食べるからでは

図２　千葉家の仏壇（岐阜県郡上市明宝）

ない。食べるのはこの「私」であり、ご飯を食べなければ一日たりとも自分を繋いでいくことができない。動物であれ植物であれ、生きとし生けるものの命を殺さずには自分の「いのち」を維持していくことができない。そんなあり方をしている。仏壇の本尊にお仏飯を供えるという行為は、人間としての私の「いのち」が「いただきもの」であるということを象徴的に現している宗教儀礼なのであろう。三重県四日市市の磯津という漁村を調査したとき、ミダタノミ（弥陀頼み）ということを聞いたことがあった。「ゴエンサン（ご院主、住職）がきたときや年忌のときに、生まれた子供を『仏の子』『娑婆の子』にしてもらう。これをミダタノミといって、ミダタノミをしないと猫や鼠が子供をかじる、ミダタノミしないと犬畜生と同じだ」ということであった。人間として生まれたこの私の「いのち」が、仏から与えられたものであるということであり、お仏飯の意味と通じているところがある。

真宗門徒は、毎朝、繰り返し繰り返し、阿弥陀如来を本尊とする仏壇にお仏飯を供え続けてきた。現代人が忘れかけている、仏壇を中心とした生活を守り伝える姿に出会ったことがある。岐阜県郡上市明宝（旧明宝村）の気良《けら》地区にある千葉孫兵衛宅では、囲炉裏の火を七八〇年間絶やさずに守っているという。承久三年（一二二一）、鎌倉幕府に仕えていた千葉一族の東胤行が美濃国郡上に移ってきたとき、火打ち石でつけたのが始まりという伝承による。訪れたとき、座敷の奥に設けられた仏間で、二五代目に当たる当主が夕方のお勤めをしていた。仏壇には本願寺第九代実如（一四五八～一五二五）のものと思われる五百代（絵像本尊の大きさの単位）ほどの絵像本尊と名号《みょうごう》が掛けられていた。千葉家は、朝夕の二回、囲炉裏の火を燃やしながら、阿弥陀如来を本尊とする仏壇中心の生活を五〇〇年間は確実に送ってきたのである。

講行事の本尊としての阿弥陀

真宗門徒の仏壇は、他宗派のものと比べると概して大きく、きらびやかで立派である。家のなかでオデイと呼ばれる座敷の床の間一角に安置されるが、オデイに一間ほどの板の間をつくり、正面に二百代の仏壇を安置しているところも多い。大きな家では、六畳一間の仏間を設けているところもあった。真宗門徒の仏壇は、なぜ大きく立派になったのか、その必要がどこにあったのであろうか。それは阿弥陀如来を本尊として祭祀する門徒家の仏壇が、「家の本尊」のためだけではなかったことによる。村のなかには門徒の講組という信仰集団が形成され、毎月の「お講様」やオトリコシ（お取り越し）などと呼ばれる報恩講には、当番の家を宿として人びとが集まり、仏壇の阿弥陀の前で正信偈《しょうしんげ》を読んできた。そんな行事の姿を見てみよう。

愛知県の尾張西部、とりわけ木曾川流域には真宗門徒のムラが多い。地域的には一宮市・稲沢市・あま市・津島市・愛西市・弥富市・飛島村などである。このなかで、現在は愛西市となって吸収合併されてしまった旧八開村は、上東川・下東川・鵜多須・二子・川北・藤ヶ瀬・給父・高畑・江西・元赤目・赤目・立石・下大牧・塩田という一四のムラから成っていた。こうした各ムラのなかには、和讃講・オコウサマ（お講様）と呼ばれる毎月の講が行われている。藤ヶ瀬の和讃講は個人宅をヤド（宿）として、図3のように家並順で開催される。大正末から昭和初期に寄付された「御真影」と呼ばれる親鸞絵像と、本山門首が下した御書《ごしょ》が巡回している。藤ヶ瀬は上と下というように地縁で二つの講に分かれている。下の講は毎月十五日、四月から九月の期間は午前八時に始まり、十月から三月は九時から始めて二時間ほどかかる。宿になった家

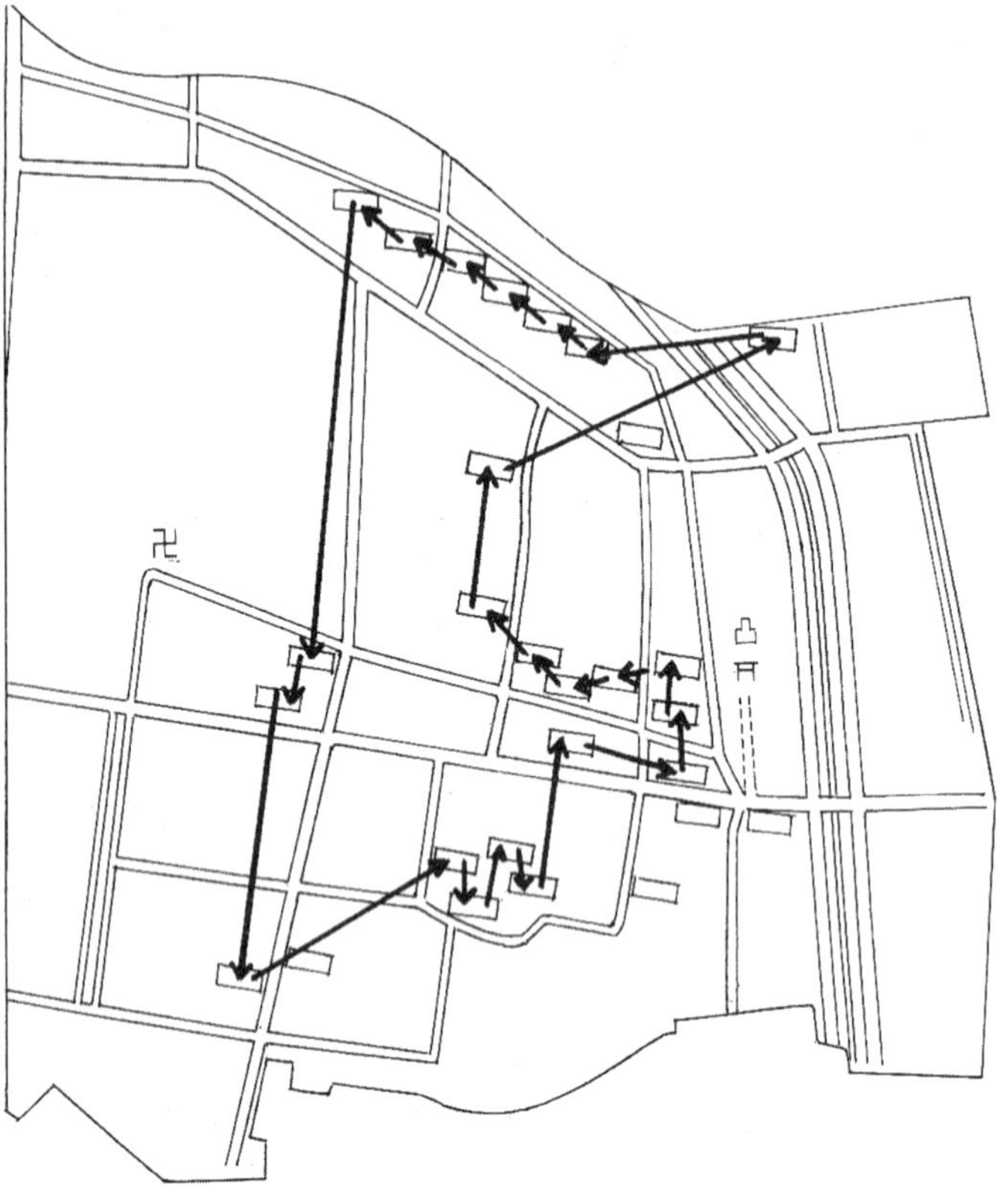

図３　和讃講のヤド（愛知県愛西市藤ケ瀬）

の仏壇前で正信偈と和讃を読み、その後お茶とお菓子が出される。茶菓子代として一〇円ずつ出すことになっていて、お経が終わると区長からの通達がある。宿はヤナミ（家並み）順で毎月変わっていき、次に回っていく家の者が導師をすることになっているという。昭和三十一年の記録をみると、和讃講当日の朝には大太鼓を打って合図とし、「家事ノ都合悪シキ時ハ代理ヲ出ス事」、「右集合時刻ニ遅刻ノ際ハ科料　三拾円トス（三十分以内トス）　百円トス（三十分以後トス）」などとあり、ムラのなかでかなりの強制力を持っていたことがわかる。講の日はムラの「農休み」でもあった。和讃講は純粋な宗教行事だけでなく、正信偈を皆で読んだ後、茶菓子を食べながら役場からの通達を確認したり、ムラのさまざまな事を話し合い伝達する場でもあった。

講の活動として重要なものがこのほかにもまだあった。和讃講の帳面をみると「昭和十一年十一月十八日　親鸞上人和讃講中三回忌　布教使　加賀　藤原松陰殿」と記録されていて、「座元〇〇」とあった。北陸から藤原松陰という説教師を招いてオザ（御座）を開いたりしていたのである。また、和讃講で積み金をし、毎年籤を引いて京都の本山まで代参していた。志納金を東本願寺へ納めながら京都見物もしてきたであろう。

藤ヶ瀬というムラのなかには、上下と二つの和讃講があるが、これとは別にワカイシュウ（若い衆）という講もある。これはムラ全体のヤナミ順六人ずつで担当しているもので、この役を若い衆年行司という。若い衆年行司のトリモチ（取り持ち）は、嫁入りの披露金とオブツジ（御仏事）のお参りで、オブツジのことをワカイシュウオブツジ（若い衆御仏事）ともいって、オザを設けて説教を行うことになっている。一切の世話と費用は六人の若い衆年行司が負担するという。つまり、ムラのなかに毎月行われる和讃講と、年一回オザを立てて説教を行う信仰集団があることになる。実は、これらに加えて、女性だけの女人講《にょにんこう》がまた別にあって、やはりオブツジを行っていた。小さなムラのなかに、二重三重の講が組織されて、宿元の仏壇本尊を中心に行事が行われているのである。

こうした講行事の様子は、消滅したり簡略化されつつあるが、それでもまだ生きている信仰民俗である。尾張西部の門徒地帯では、どのムラでも一般的な講行事であり、木曽川最下流域の弥富市寛延では、毎月五日と二十七日にオットメが行われている。五日というのは大谷派第二三世彰如（昭和十八年二月六日没）の命日前日、二十七日は宗祖親鸞（弘長二年〈一二六二〉十一月二十八日）の命日前日であり、こうしたお参りをお逮夜勤めという。オタヤは訛った言い方であり、このあたりではオタヤさん、オタヤ組（講組）などといっている。やはり家の順番で回っているヤドモトへ夜八時に集まり、十時ごろに終わるという。五日は正信偈・念仏・和讃（弥陀成仏ノコノカタハ）、二十七日は正信偈・念仏・和讃（五十六億七千万）を勤めている。導師はヤドモトの主人が担当することになっているという。

オザを立てる

このように「仏壇のなかの阿弥陀」は、個人的な「家の本尊」だけではなく、ムラという生活の場である共同体社会で行われる信仰行事の中心ともなっていた。同行《どうぎょう》などと呼ばれる講組の人びとや若者組、あるいは女人講などの人びとが、宿になった家の仏間に集まって正信偈を読んできたのである。その信仰対象が仏壇の本尊である阿弥陀如来であった。真宗門徒の仏壇が大きくなり、きらびやかになった理由の一端もここにある。毎月の「お講様」「オタヤ」の宿を引き受けることは、講組の一員となってムラから「一軒の家」として認められることでもあり、その象徴が仏壇であった。

それでは、こうした講行事に参加するムラ人は阿弥陀如来をどのように信仰してきたのであろうか。一般の人からは、この点がわかりにくい。ムラの慣習として、あるいはムラという地域の強制力として毎月の講行事を行ってきたのではないかとみられるが、それだけではなかった。

真宗門徒の講とは何かをみようとするとき、「オザ」が一つの糸口になる。オザとは「御法座」の略した呼び方である。「オザを立てる」などと表現され、個人が施主となって家を開放し、仏法を聴聞する法座を開催することであった。毎月の講は講組の人びとが集まって正信偈・念仏・和讃を読んで法要を勤めることであるが、オザは個人の信仰心から催される行事であり、わざわざ説教師を招待して真宗の教えを聞くことであった。先にみた藤ヶ瀬という小さなムラの和讃講で、昭和十一年に加賀から布教使を招いて行われた「親鸞上人和讃講中三回忌」という法要も、個人が座元となってオザを立てたものであった。旧八開村では、こうした行事の伝承が今でも生きている。定納《じょうのう》というムラの七軒が年一回、「かせくり講」を行っている。「かせくり」とは糸を紡ぐことで、昭和三十年ごろまで手機織りをしていた。この「かせくり」仲間であった七軒のなかで宿を引き受け、その家が檀那寺と説教師を頼んでオザを立てるのである。時期は九月から十月の適当な日に開催され、始まるときには「触れ半鐘」を鳴らしてムラ中に知らせている。木曾川最下流域のムラでは、イッケンオザ（一軒御座）という表現もあり、個人でオザを立てることが一生の念願でもあった。

これまで尾張門徒の事例を中心としてきたので、北陸門徒の事例もあげてみよう。富山県氷見市上余川で催されたオザにお参りしたことがあった。上余川は氷見の町から車で三十分足らずのところであるが、バスとなると朝の七時台に二本、昼間が二本しかないという山間のムラである。このムラのある家が城端《じょうはな》別院巡回布教のオヤドを引き受けた。城端別院巡回布教というのは、富山県南砺市城端にある真宗大谷派別院が実施しているもので、毎年一月十日から三月二十日にかけて三五〇ケ所、そして七月に一〇〇ケ所あまりの巡回を行っている。多いときは六二〇ケ所にも及んだという。範囲は高岡教区はもちろんのこと、北は能登の氷見市、西は石川県の津幡町、小松市、旧鶴来町（白山市）、旧尾口村（白山市）、南は五箇山から岐阜県の白川村まで、東は旧山田村（富山市）、旧婦中町（富山市）、旧下村（射水市）あたりまで、城端別院崇敬下を越え県境を越えて実施されている。近年は公民館などを会場として開催されることがほとんどとなってしまったが、上余川のある家は「一代に一回のヤド」と言って、お逮夜、お初夜、お日中と昔ながらの一昼夜法要のホウザ（法座）を開いたのである。三月十七日、午後七時三十分から正信偈が始まった。四つの八畳部屋はすべて開放され、奥座敷には立派な三方開きの高岡仏壇が安置されていた。その上には「無量寿」の額が掲げられていた。仏壇に向かって左の床の間には、ゴダイサマ（御代様）と呼称される巡回してきた教如上人の絵像が掛けられ、輪灯・花瓶・燭台・香炉と荘厳され、紅白の餅が供えられていた。この餅は三升取りのもので、お日中の勤行がすむと参詣者の数だけ細かく切って配られるという。入口近くに掛けられた花嫁暖簾《のれん》の色鮮やかさが目を引いた。読経が終わると導師は絵像の前に移動して明治二十三年（一八九〇）二月五日付の厳如上人御消息の拝読を行い、続いて高さ三〇センチほどの簡易高座が用意され説教が始まった。説教師は、「ともに親鸞聖人のみ教えのもとに、現実の世界を

図４　御座の紅白餅（富山県氷見市上余川）

生きることの誠の姿を頂戴をさせていただくことでございますが、仏法をいただくと申しましても決して難しいことではないのでございまして、仏法をいただいて何になるかちゅうと人間になる」と語り出した。翌日のお日中勤行は午前九時から始まり、ふたたび御消息拝読、説教二席が行われた。読経や説教の間には別院への賽銭が上げられ、また万人講や祠堂経が上げられる。万人講というのはムラの人びとが亡き人の命日だけを帳面に書いてもらい、祠堂経は法名と願主の名前を記帳してもらって、別院で一年を通じてお参りしてもらうものである。「亡くなった人の心を思って参ってくれ」「亡くなった人まで含めた教化活動であり、亡き人の呼び声である」と説明していた。

氷見の上余川というムラは雪が二メートルも積

もり、昭和二十五年ごろまで炭焼きをして生計を立て、オンナ衆は筵編みをしていた。米、麦、粟、黍などを作ったりして、黍餅、粟餅を食べ、芋や芋の団子もよく食べたものであったという。オザを立てた主人は、仏事には魚は食べず、普段の生活でも魚を食べる箸とそうでない箸とを区別していた。こうした生活をしてきた人が講の宿を引き受けてオザを立てることは、一生に一度のハレの大役であったに違いない。しかし、誰でもオザを立てるわけではなかった。そこには、仏法すなわち教えを聞くという、念仏者としての信心が必要不可欠であった。だからこそ、ムラや地域の人びとが参詣する仏間には立派な高岡仏壇が中心にあり、その本尊は阿弥陀如来であった。オザは単なる法要ではなく、説教師を介して仏法を聴聞する場であったのである。

報恩講

真宗門徒の阿弥陀如来に対する信仰行事は、仏壇と講行事のなかによく現れているが、さらに集約されているのが報恩講である。報恩講とは、弘長二年（一二六二）十一月二十八日に往生した宗祖親鸞の忌日法要であり、真宗では門徒の家、ムラや地域の講、手次寺院（檀那寺）、別院、本山と重層的に執り行われている。近年は真宗寺院や別院、本山での報恩講が中心になっ

図5　オソウブツ〈報恩講〉（愛知県安城市小川）

てしまったが、以前は門徒の各家や講単位でさかんに行われ、各地域ごとに特色ある行事となっていた。

真宗門徒は自分たちの行う報恩講のことをホンコサン、オヒキアゲ、ゴインジョウ、オトリコシ、オシチヤ、オブツジ、オソウブツなどと呼んでいる。ホンコサンは親しみを込めた敬称的表現で「報恩講さん」、オヒキアゲとゴインジョウは「お引き上げ」「ご引上」、オトリコシは「お取り越し」であってともに同じ内容であり、東本願寺の場合、京都本山の報恩講が十一月に行われるのでそれに先だって行うという意味である。オシチヤは「お七夜」で、これも本山の報恩講が十一月二十一日から二十八日まで七昼夜にわたって行われることから名づけられたもの、オブツジは「御仏事」で

図6　白峰の御仏事・お斎

報恩講が仏事としての行事であることを意味している。オソウブツは「御惣（総）仏」であって、共同して行う仏の行事であることを示している。こうした地域特有の呼称を生み出して、各地で行事は行われてきた。いくつかの事例を見てみよう。

家ごとに行われる報恩講は、秋から冬にかけて手次寺の住職を招待して、現在でも各地で行われている。そのなかでも、富山県南砺市白峰地区のものはもっとも特色あるものの一つであろう。白峰地区では報恩講のことをホンコサマと呼び、家ごとに十一月下旬から翌年の二月にかけて行われてきた。最近は土曜日・日曜日になってきているという。家族の者と親類や隣近所の人が一緒になって、仏壇前で正信偈・念仏・

和讃が唱和されると、その後お斎《とき》になる。朱塗りのお膳と「引き物」と呼ばれるものにご馳走が並ぶ。山盛りの白いご飯・小豆・油揚げ・竹の子・ますごけ・ぜんまい・ずいきいも（里芋）・大根といったものの煮しめ、コクショというお椀には金時豆・栗・なめこなどが盛られ、大根などのなますや和え物もある。味噌汁は、あざみと豆腐であったり、かぶら、ずいきいも、なめこが入ったりする。白峰のホンコサマの特徴は、このお斎の料理にある。雪が溶けた春、人びとは山菜を取りに行く。くぐみ（こごみ）・わらび・うど・ぎぼし・ふき・よもぎ等々、これらの山菜を塩漬けにしたり乾燥させて蓄えておく。秋にはくるみ・とちの実・栗を拾い、なめこ・まいたけ・しいたけ・ますごけ（ますたけ）・かのした（ぶなはりたけ）・すぎみみなどを採る。豆腐はカタドウフ（固豆腐）といって、にがりを多く使い、縄で縛れるほどのものであった。ホンコサマには、これら山の幸が食べ切れないほど出され、ご飯が山盛りにされる。食べきれないほどのご馳走は、チャノコ（茶の子）と呼ばれる鏡餅とお菓子が出されたのを合図に、各自持参した重箱に詰めて持ち帰ることになっている。

白峰地区の報恩講料理は特別であるかもしれないが、岐阜県高山市や郡上市あたりでもタカタカマンマといって、二、三合の白米を椀に山盛りによそって参詣者に出している。いずれも山間部のムラである。普段の食事では、白いご飯など食べることができなかったに違いない。

白峰地区は焼き畑農耕がさかんで、山の斜面を焼いて「なぎ畑」という耕地をつくり、ひえ・あわ・かまし（しこくびえ）・そばを作ってきたという。ひえの実だけを炊いた飯を「いい」と呼び、一年中、朝、昼、晩となぎ畑でとれたひえの飯を食べてきた。朝食はいい・くきの味噌汁・たくあん、昼はいい・ずいきいもの味噌汁・大根の煮しめ・大豆の煮豆、夜はいい・大根の味噌汁・ふきの煮物・くきの煮物という食生活であった。もちろん新鮮な魚はなく、塩鰯や塩鮭など保存のきくものであった。こうした、かつての日常生活や食べ物を考えるとき、ホンコサマは一年に一度、食べ切れないほどの料理を出し「白いご飯」の食べることができた日であったのであろう。世界遺産で有名になった五箇山地方の報恩講でも同様で、親戚が集まり、コドモボンコウ（子供報恩講）などと言われたほど子供のお参りが多かった。子供にも一人前として赤いお膳がだされ、ご馳走を前にして、いつ住職がお膳に箸を付けるか待ちかまえていたという。こうしたお斎には、一年の収穫を終えて報恩講を勤めることができたという感謝と、いま自分が家族・縁者とともに生きてあることへの報恩の意味が込められていた。山盛りのご飯は間違いなく「仏飯」そのものであったろう。

漁村の門徒と講中

山間のムラで行われてきた報恩講をみてきたので、今度は漁村での様子をあげてみよう。名古屋市中川区下之一色は、庄内川と新川が合流して伊勢湾に流れ込む三角洲に形成された漁村であった。昭和三十七年に漁業権を放棄してから次第に変貌してしまったが、それでも最近まで漁師マチ特有な雰囲気を残していた。調査をした平成六年現在、戸数が一八〇〇余、組数が二二六と、大きなマチでありムラでもあった。ムラのなかは、大きく東、西、南、北、中と分かれている。直接海に入って足底に触れる貝を拾いあげるフミドリ（踏み取り）から一家の男子数人で行う打瀬《うたせ》網、三〇人から四〇人で行う揚繰《あぐり》網までいろんな漁法で魚介類を捕っていた。ムラのなかには正雲寺（真宗大谷派）があって、ほとんどが門徒になっている。そして、現在は消滅してしまったが、ムラのなかに二一組のコウジュウ（講中）と呼ばれる組織があって、ゴエンキという行事を行っていた。ゴエンキというと一般的に「御遠忌」のことであり、教団や寺院が五十年ごとに勤める大法要のことを意味するが、下之一色のゴエンキは講中が毎年勤める報恩講のことであった。

講中には三角講中・山下講中・中地講中・東上講中・東下講中・北上講中・北下講中・大門講中・西大組講中・西上講中・西下講中・宮分講中などがあり、ほぼムラ組であるワケ単位に形成されたようであるが、「お前とこも入らんか」と言われて講中に加わったというように、任意性の強い一面も持っていた。講中の大きさもさまざまで、一番大きかった三角講中は一四〇軒ほど、北上講中は四五、六軒、北下講中は三五、六軒であったといい、平均すると五〇～六〇軒であったという。山下講中や中地講中は小さなコウジュウであった。一番遅くまで活動していた三角講中の組織をみると、講中はさらにそのなかで一組～八組までに分けられていた。一組は一五、六軒で組長がいたが、活動は講中全体であった。名称はなかったという。会長のような人が一名いて、これに会計二名、そして講の掛銭を集める役の者がいた。名前を書いた帳面が各組にあり、「講中の掛銭をいただきにきました」というと、判をもらって翌年の役員に引き渡した。昔は毎月集めていたようであるが、記憶にあるのは一年に一度集める形であったという。役員を引き受けた月に集めてしまった。役は一年ずつ交替したが、これとは別に正雲寺の仕事をする人がいた。世話方というような名前は決まっていなかったが、歳の順番でオホネオリが決まっていて、その人が亡くなると「お前やってくれ」といって次の人が決まった。正雲寺の行事の決まったことを聞いてくると、八組の組長が集まり、そして組長が組内の講員に知らせた。正雲寺とコウジュウを取り持つ役の人は、ドウギョウ（同行）と呼ばれていた。コウジュウの大きさに大小はあったが、各講中のなかにドウギョウが三～四名ずついて、正雲寺で会合を開催すると七〇名ほどの人数が集まったものだという。このようにドウギョウは、コウジュウと正雲寺を繋ぐ役目を果たしていたが、寺の諸行事に関する決定には加わっていなかった。寺院側には地区ごとのバランスをとって一五、六人で構成されている幹部会があって、このなかには総代だけでなく、毎日寺に通っているような熱心な取り持ちの門徒もメンバーになっている。寺院に関することはこの幹部会で相談され、次にコウジュウ代表のドウギョウの集まりに計られて決定されていた。コウジュウは正雲寺を支える門徒組織の基盤であり、また下之一色の人びとの信仰生活を形成した土壌であった。茶碗・薬罐《やかん》・ハソリ・鍋・机なども共同所有しており、これは講中の倉庫に保管されていた。

ゴエンキと呼ばれた報恩講

ゴエンキ（御遠忌）と呼ばれた行事は、昭和六十年代まで行われていた。これは、コウジュウが毎年勤める一番重要かつ最大の行事であり、また正雲寺門徒である下之一色独特の門徒行事であった。ゴエンキを行うには、まずお経宿、オトキ宿、説教の座元という三つの役を担当する家がコウジュウのなかで決められ、そして正雲寺の報恩講が終わったあとに二一講中が籤を引いて順番を決定した。籤は住職がコヨリを作り、番号がつけてあった。一番籤を引いた講中が一番に、二番籤を引いた講中が二番に行うことになった。ゴエンキは二昼夜、すなわち最初は昼から始まり、一日行って三日目の昼で終わりとなった。すると次の講中がまた始まったので、連続して行われた。この間には、晩にヤマオロシといって宴会が催された。各講中のゴエンキは、遅くとも旧三月二十五日に行われる松下正明寺の蓮如忌までに終了したが、順番が遅くなると、「ブリが食えんでなるたけ早く引いてくれ」と言ったという。ヤマオロシに出る鰤《ぶり》の刺身に「虫がわく」からである。

籤を引いた日に、ゴエンキの読経で唱える和讃も決定された。これは、ゴエンサン（住職）が目をつむって箸のようなものを和讃本に差して決められたという。日程とその年の和讃が決まると、お経の練習となる。各講中には、それぞれシショウ（師匠）とよばれたお経に堪能な門徒がいて、お経宿の家でこのシショウが皆に半月間ほど教えて練習を行った。夜の八時くらいまでは子供が正信偈を習い、そのあと、一一時ごろまで若い衆が和讃を稽古したという。当日になると一〇人ばかりの小学生が、揃いの絣に白足袋姿で一色中を太鼓を叩きながら座元を教えた。これは講中ごとに行われた。初日は昼から、二日目、三日目は午前中に回った。すると次の講中の子供がまた昼から回る、という具合であった。子供も正信偈の練習をして読経に参加したが、声を出すとお経が揃わなくなるので「衣を揉んどれ、揉んどれ」と言われて、実際はうしろに座った若い衆がお経を上げた。ゴエンキは、若い衆にとっては一年間お経を勉強してきた発表会みたいなものであったという。読経のときには、二一講中のシショウがうしろに並び、あとから「声が揃わなかった」などいろいろ言われたので一生懸命であった。

オトキ宿は、カドの広い所、つまり座敷の広い家に頼んだ。講中の家は手伝いに一軒に一人はでなければならなかった。食券を買って食べたが、子供は飯を競争して食べたという。献立は蓮の饅頭が二つ、味噌汁、こんにゃく、ひりょうず、ほうれんそうの精進であった。説教は座元で行われ、三日目が終わると、その座元でヤマオロシとなった。こうした各講中が競うようにして行った行事は、次第に二昼夜が一昼夜の期間に短縮され、在家《ざいけ》で行われることもなくなって正雲寺が会場となり、そして消滅してしまった。

十一月なかばから京都の本山報恩講までの間に、ゴエンキとは別に講中だけのオトリコシ（お取り越し）も行われた。ゴエンキと同じようにお経宿を頼んで練習を一〇日間くらい行ったり、またオオタイヤ（大逮夜）の家、オアサジ（晨朝）の家、オニッチュウ（お日中）の家が決められた。オオタイヤの家ではぜんざいや饅頭が振る舞われ、オアサジの家では少し酒がでるのでカマボコなどで軽く飲み、オニッチュウの家ではお膳がでた。お経は正信偈に「五十六億七千万」などの報恩講和讃をあげ、三角講中ではオオタイヤに四〇～五〇人、オアサジに七〇人、オニッチュウに一〇〇人ほどが参詣したものであった。こうしたヤドは籤で順番を引いたが、どうしても引き受けることのできない家があると、家を建てたり仏壇を洗った家などが「わしに譲ってくれ」といって引き受けた。何年に何をどこの家が引き受けたかという台帳があって、普通は一回りするまで引き受けることができなかった。五十年に一度の役であったという。

講中単位ではなくて、家単位のオトリコシも行われていた。この場合は、オオタイヤにトナリ組の人に集まってもらって勤め、オアサジとオニッチュウは親戚の人に寄ってもらって勤めた。トナリ組の家は講中の組とは別で、三角のある家ではトナリ組が三〇軒ほどもあるという。そのなかで、オオタイヤには二〇人くらいが集まってきたが、普通は一〇軒程度であった。オアサジを親戚に勤めてもらうと、その朝の食事には親戚の子供全部に食べさせ、さらにオトリコシのおかずを入れた弁当まで持たせたという。時期はそれぞれの家の都合で、正月が済んでからするところもあった。

下之一色の正雲寺門徒は、一種独特な門徒気質を形成してきた。三角の漁師は、風がないと網が引けないので、船の上でお経の稽古をするか、川祭りの太鼓の稽古をするかであったという。薪で太鼓の稽古をしたが、お経の練習か太鼓の稽古をしないときは博打をした。とにかく暇さえあれば、お経の練習ばかりしていたようである。『御文《おふみ》』なども、何も読み物がなかったので、何帖何通目か暗記していたとも言う。イッケンオザ（一軒御座）という個人でオザを立てると、「供養だ」ということで振る舞われた。また、正雲寺のオアサジが毎朝七時からであったが、漁から帰った人たちがお参りをして、三〇人ほども集まっていたという。オアサジを参ってから家に帰って朝食であった。それから一眠りして、午後から寺にまたくる、という具合であった。現在、お勤めは七時半からとなったが、いまでも二〇人ほどのお参りがある。下之一色の気質について、ある門徒は「本当は貧しいマチであった。しかし、貧乏でも昔は子供が多かった。船に乗るのに弁当の米がないので、隣に頼んで貸してもらったりした。漁から帰って、市場で捕れた魚を売った金で米を買って返した。近所は本当に仲がよかった。自分とこが食わんでも貸したる、というふうであった。米は毎日一升買いであった。あるいは、一升買いはいい方で『五〇銭米ちょ』と言って買いに行ったものである。薪なら一把であった。とにかく、まとめて買うだけの金がなかった。こういう所だから、かえって仏法心というか、信心が強いんだ。天候によって生活が左右され、人間の力など微細なもので、神仏に縋《すが》るしかない、ということで仏法が生活に密着するんじゃないかな」と語ってくれた。

報恩講は真宗門徒であれば、全国各地どこでも勤められてきた。マワリホウオンコウ（回り報恩講）などと言われる形態もある。講組を組んでいる同行や同族の者が、一軒ずつ各家を回って正信偈・念仏和讃を勤めるものである。下之一色のゴエンキもそうであったが、講の行事はすべて門徒の家で行われ、中心は阿弥陀如来を本尊とする仏壇であった。

真宗門徒の阿弥陀信仰――如来大悲の恩徳

真宗門徒の阿弥陀信仰とは、何なのであろうか。金箔のきらびやかな仏壇のなかに阿弥陀如来を本尊とし、毎朝、お仏飯を供えたり、その前で講行事やオザ（御座）という説教が催されてきた。本尊として阿弥陀如来を祭祀・荘厳する姿や行事の背後にあるのは、真宗門徒が生活のなかで伝承してきた阿弥陀への信仰そのものであったといってよい。行事の姿からさらに一歩踏み込んで、門徒の阿弥陀信仰はどのようなものであるのか捉えようとするとき、次の和讃が信仰の内実を示してくれる。

如来大悲の恩徳は
身を粉にしても報ずべし
師主知識の恩徳も
ほねをくだきても謝すべし

これは親鸞（一一七三〜一二六二）が製作した『正像末和讃《しょうぞうまつわさん》』のなかの一首である。門徒であれば、誰もが知っている和讃といってよいだろう。本山である東・西本願寺をはじめ各地の別院、地方寺院の報恩講で御満座《ごまんざ》とよばれる一番最後にかならず唱えられるものであり、ふだんの門徒集会などのときにも歌われている。「如来大悲の恩徳」とは、もちろん阿弥陀如来に対する恩徳のことである。生まれがたき人身として生をこの世に受け、一人の人間として人生をまっとうする歩みを続けながら今生きてあることの事実に目覚めたとき、「身を粉にして」も恩に報いよという。それは、苦悩のまっただなかにあったわが身が救済されたことから生まれてくる恩徳である。それでは、阿弥陀によってどう「救済」されるというのか。この点についでは、もう少しあとに触れることとする。

和讃のなかには、いま一つの恩徳が述べられている。「師主知識の恩徳」である。「師主知識」とは自分を教え導いてくれた善知識と呼ばれる人のことであり、具体的には浄土真宗の祖師親鸞をさす。真宗門徒は、親鸞という人間の生涯にわたる歩みのなかに発見され開顕された真実をとおして阿弥陀如来に出遇《あ》っていく。仏法の教え（＝法）というものは、そのもの自体として絶対的に存在しているが、「人」をとおして伝えられ広まっていくものである。だから真宗門徒の阿弥陀信仰は、親鸞その人という祖師信仰をとおしての阿弥陀信仰ということになった。京都の東・西本願寺の境内には、阿弥陀堂と御影堂という両堂があるが、報恩講は御真影《ごしんねい》と呼ばれる親鸞木像を安置する御影堂で行われるのである。阿弥陀如来とともに「師主知識の恩徳」へも、骨を砕くほどに謝すべしという。この和讃にでている「恩徳」「報ずべし」「謝すべし」は、「報恩」「報謝」という言葉を生み出した。門徒が僧侶に布施を出すとき、「布施」と書かずに「報謝」としているところもある。仏壇に阿弥陀如来を本尊として荘厳し、仏飯を供え、家族だけでなくムラのなかの同じ門徒とともに勤行することは、こうした報恩行・報謝行としての阿弥陀信仰から生まれてきたものであった。真宗門徒のすべての行為が、阿弥陀如来に対する報恩行・報謝行として宗教的には意味づけされるとすれば、それを成り立たせている「阿弥陀」とは何か。このことについては、第二章で述べることにしよう。

2　仏壇におけるもう一つの本尊

阿弥陀と位牌

真宗仏壇の本尊は、絵像あるいは木像の阿弥陀如来である。ところが、実際には門徒にとって「もう一つの本尊」がある。位牌である。本来、教義から言えば位牌は不要のものであり、いまでも教団は否定している。その証拠に、真宗寺院には真宗以外の宗派寺院にみられるような位牌壇や位牌堂はない。しかし、門徒の家の仏壇となると現実的には位牌を祀っているところが多い。

表1は、真宗門徒の位牌祭祀について、浄土真宗本願寺派（西本願寺）が「宗勢実態基本調査」のために昭和五十八年三月に実施したアンケート調査結果の一項目である。対象は、全国各地にある西本願寺一般寺院に関わる門徒代表一四〇七名（回収率六九・九％）であった。表1下段の地域名は普通の県別ではなく、西本願寺派寺院の分布にあわせて設定されている教区単位となっている。これによると仏壇内に位牌を祀っているものは全体の六一・四％、位牌を祀って

表１　仏壇に位牌を祭祀していない門徒の比率（教区別）
（浄土真宗本願寺派『宗報』昭和61年３月より）

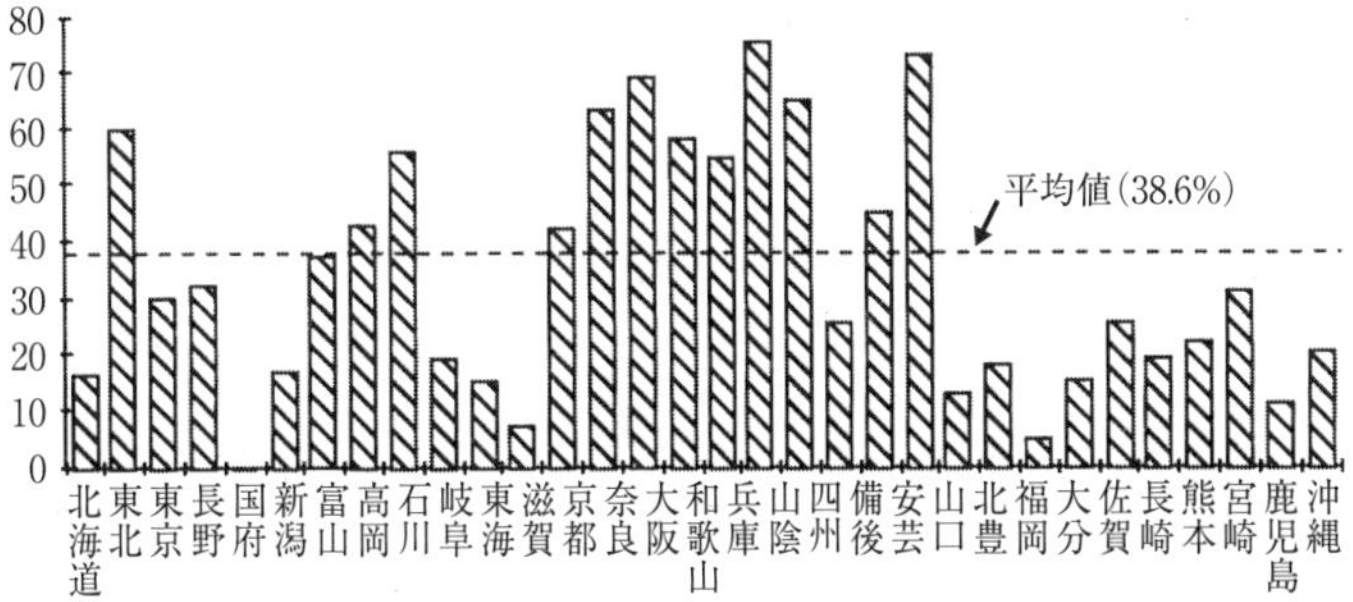

いないものを教区別にみると、兵庫七五・〇％、安芸七三・一％、奈良六九・二％、東北六〇・〇％と高率であり、「位牌をまつる率の高い教区は、総じて九州、東海、四国や北陸の一部地域に多く、とりわけ国府教区、福岡教区、東海教区が顕著である」となっている。報告書では位牌を祀っているという六一・四％という数字について、「指導と現実の間の著しい差異が目立つ」といっているが、これは三八・六％のものが位牌を祀っていないということになり、民俗の立場からみると予想外に高い数字ともいえる。

　民俗にあっては、位牌は死者を祀る象徴的祭具であり、先祖祭祀の対象でもある。位牌を祀っている地域の門徒仏壇をみると、向かって右か左の中段に安置しているのはまだしも、正面真ん中に置いて阿弥陀如来を遮るように祭祀しているところもある。仏壇のなかにあるのは位牌だけではない。遺骨も安置され、仏壇脇には死者の写真がかならずといってよいほどある。こうした仏壇の前で、死者の毎月の命日である月忌や一年に一度の祥月命日詣り、一周忌・三年忌・七年忌といった年忌法事が行われている。門徒は本尊である阿弥陀如来に詣っているのか、それとも親や祖父母などの死者や家の先祖に詣っているのか。どんなに僧侶などが法要は「仏事」であると教義から説いたところで、門徒のなかにある亡き人に対する意識と気持ちを払拭することはできない。それは、仏壇が阿弥陀如来を本尊として祭祀するところなのか、それとも死者や家の先祖を祀るところなのか、という問題を提起している。

寺院と仏壇

真宗門徒の仏壇に対するこうした問題は、真宗寺院についても同じことが言える。門徒にとって寺院は、みずからが信仰する阿弥陀如来を本尊としている場所なのか、それとも死者や家の先祖を祀っている場所なのか。そもそも、真宗寺院と門徒の仏壇は基本的に同じもので、祭祀形態も同じ構成になっている。

真宗寺院の内陣には、須弥壇《しゅみだん》上に阿弥陀如来木像を本尊として、向かって右には宗祖親鸞絵像、左には本願寺第八世の蓮如絵像を安置する。内陣余間《よま》とよばれる左右には、聖徳太子十六

図7　真宗寺院の本尊と内陣

歳孝養像と七高僧（龍樹《りゅうじゅ》・天親《てんじん》・曇鸞《どんらん》・道綽《どうしゃく》・善導《ぜんどう》・源信《げんしん》・源空《げんくう》）の絵像、本願寺歴代双幅御影・寺院住職家法名軸（あるいは似影）などが掛けられている。真理そのものである阿弥陀如来を中心にして、その教え（仏法）がインド・中国・日本の七人の高僧と日本仏教の祖である聖徳太子、そして宗祖親鸞・中興蓮如・本願寺歴代によって伝えられ、今の自分にまで流れてきていることを示す構成となっている。一方、仏壇はどうなっているかと見れば、やはり真ん中に須弥壇があって絵像もしくは木像の阿弥陀如来、向かって右には親鸞絵像（もしくは「帰命尽十方無碍《むげ》光《こう》如来」という十字名号）、左には蓮如絵像（もしくは「南無不可思議光如来」という九字名号）を安置している。仏壇は箱型の仏壇であるので、寺院内陣の余間壇がなく太子・七高僧絵像は祀られていないが、仏壇の左右側面が余間に相当して位牌に代わる法名軸が掛けられたりする。このように真宗寺院と門徒仏壇は、祭祀構成も意味もまったく同じである。

門徒が手次（檀那）寺である寺院本堂にお詣りするとき、本尊阿弥陀如来に対する報恩・報謝の信心から合掌することになるが、現実的にはそれだけではない。門徒にとって寺院はわが親や祖父母、わが家の先祖を祀っているところとしてお詣りしている信仰も含まれている。寺院内陣に位牌は安置されていないが、永代経という行事や春秋彼岸・盆ともなると、門徒家の法名が記された法名軸が内陣余間壇に掛けられたりする。また、境内墓地のあるところでは、門徒家の石塔墓も存在する。したがって、門徒は阿弥陀如来を詣っているのか、それとも死者・先祖を詣っているのか、という問題は仏壇であっても寺院であっても同じことになる。

阿弥陀信仰の二面性――ホトケと仏

こうした問題は、考えてみれば真宗に限ったことではない。日本仏教や各宗派寺院のあり方そのものであり、私たちは不思議とも思わず普通に受け入れている信仰形態である。それは「ホトケ」と「仏」の問題でもある。

日本人はホトケというとき、死者のことを意味して使っている。しかし、仏教の「仏」は死者をいうのではなく、buddha＝目覚めた人・覚者・真理に目覚めた人のことである。仏教というのは、基本的にはみずからが仏の教えを信じて修行し、証（悟り）に到達する（教行証）というものである。しかし、日本人は死者のことをホトケとよんできた。いつから死者＝ホトケとなったのかは大きな問題であるが、日本に伝来した仏教受容の仕方と日本仏教のあり方、歴史が今日まで底流している。

真宗は、日本仏教のなかで死者・先祖祭祀に対して否定的性格を強く持ってきた宗派である。にもかかわらず、真宗門徒が阿弥陀如来を本尊として信仰する姿をみるとき、「ホトケと仏」の問題が解決されないまま今日に至っているのである。それは、阿弥陀によってみずからが救済されるとする信仰と同時に、死者や先祖を阿弥陀に任せようとする信仰なのかもしれない。阿弥陀信仰には、個人の救済に関わる阿弥陀信仰と、死者・先祖祭祀に関わる阿弥陀信仰という二つの側面が内包されている。

真宗の阿弥陀信仰と死者観

真宗では死者祭祀について、どのように考えているのだろうか。次に引用するのは豊原大成著『真宗表白集　一』（法藏館）に載せられている「両三年」である。表白とは法要を執行するときに、法要の意義を最初に述べるものである。引用したこの表白は、門徒の三年忌法事を勤めるとき読み上げられるように製作されたものであるが、ここには生者と死者と阿弥陀如来の関係が説かれている。

年回法要表白（両三年の間）

敬って
大慈大悲の阿弥陀如来の御前に

白《もう》してもうさく
本日ここに
有縁《うえん》参集の人びとと共に

うやうやしく仏前を荘厳《しょうごん》し
ねんごろに聖教《しょうぎょう》を読誦して
釈（　）の（　）法要を
勤修《ごんしゅ》したてまつる
つらつらおもんみるに
我らこの世に生を享くる者
慌ただしく月日を送りて
おのが年老の積もるにも気づかず
昨日も過ぎ、今日も過ぐ
その間
ここ、かしこ
親族、知友
病に臥し、死の床を迎う
ここ両三年の間にも死せる人いと多し
されど

仏、即得往生と説きたまう
すなわち、この世に思いを残しつつ
一つの命終わるとき
直ちに仏の国に生まれて
倶会一処《くえいっしょ》の喜びに値う
それ、浄土に生まれたる人
永くそこに留まるにあらず
宗祖親鸞聖人『正信念仏偈』にのたまわく
　蓮華蔵世界に至るを得ば
　すなわち真如法性《ほっしょう》の身を証し
　煩悩の林に遊びては神通を現し
　生死《しょうじ》の園に入りては応化《おうげ》を示す、と
まことに
浄土に往生して仏と成りし人
再びこの悩み多き世界に帰り来て

後に残れる者を導く
喜ばしいかな
我ら今この仏前に
深く故人を偲びつつあいつどい
み仏の教えに値いたてまつる
すなわちこれ
神通応化の姿なりというべし
希《ねが》わくは
今日ここにつどえる人びと
改めて故人の面影を偲びつつ
世の無常、人の生命の儚さを思い
ともどもに仏祖の教えを仰ぎつつ
人生荘厳の歩みを進めんことを
伏して請う
如来、大悲を垂れて哀愍摂受《あいみんしょうじゅ》したまえ

真宗の教義に裏打ちされた含蓄の深い文章である。この世に生きている私は、みずからの生き方を省みることもなく空しく過ごしている。しかし、世の中は諸行無常で人の命は儚いものであるという。まわりを見わたせば、三年の間に病気にかかったり亡くなった人もあるではないか。真宗の教えでは、死んだ者は即得往生で、すぐに浄土の世界に生まれることになる。しかし、往生して仏となったものは、浄土にとどまるだけでなく、この娑婆世界に還ってきて、悩み苦しんでいる人びとを導くものであるという。今、故人を偲びつつ法事を行うために集まっている者たちが、仏の教えに出遇い、聴聞するこのときに「はたらき」（神通応化《じんづうおうげ》）として姿を現しているではないか。阿弥陀如来よ、大悲心をもって哀《かな》しみ導いてくださいという。このなかには、死者は阿弥陀如来の浄土に往生して仏となり（往生成仏）、ふたたび還来穢国《げんらいえこく》してあとに残る者たちを導くと捉えられている。比較的分かりやすい表現になっているが、教学的には往相廻向《おうそうえこう》と還相廻向《げんそうえこう》のことである。死者は浄土に生まれて仏になるといっても、「諸仏」の位である。人の世の無常観を説き示しながら、生者と死者、阿弥陀如来と死者（ホトケ）、阿弥陀如来と生者（私）との関係を明瞭に語っている。

これは阿弥陀如来を本尊とする、真宗世界における死者観といってよいだろう。どこにも矛盾はなく、阿弥陀如来の信仰世界のなかに摂《おさ》め取られている。しかし、である。現実的には門徒は位牌を安置して死者を祭祀し、月参りや年忌を行って死者を弔っているのである。それは教義的指導である教化の不徹底ということだけではなく、もともと日本人のなかにある基層信仰としての死者・先祖祭祀の信仰が別にあって、阿弥陀信仰はこれを取り込みながら展開してきた歴史的背景がある。

第二章　往生と阿弥陀信仰

阿弥陀信仰とは何かを考えるとき、現代では死語になっている「往生」が重要なキーワードとなる。往生とは、「往きて生まれる」ということであり、束の間の楽しみはあるものの苦に充ち満ちた現世から、この「私」が阿弥陀如来のまします西方《さいほう》極楽浄土へ生まれることである。本章では、日本仏教史のなかで平安時代から鎌倉時代に展開した、阿弥陀信仰の一側面を追ってみたい。年代的には十世紀末から十三世紀末となる。当時の人びとは、どのように阿弥陀如来を信仰したのであろうか。往生が「救済」ということであったとすれば、それはどのようなものであったのか。浄土教がさかんになったこの時期、多様な阿弥陀信仰の展開を見てみよう。

1　阿弥陀の浄土を求めて

往生と西方浄土

まず、なぜ往生が阿弥陀如来の西方浄土でなければならないのか。「浄土」は「西方」だけではない。仏教においては東・西・南・北の四方と東南・西南・東北・西北の四維、そして上・

下という十方に諸仏の世界があって、十方浄土があると説かれている。阿弥陀仏の西方極楽世界、阿閦《あしゅく》仏の東方妙喜世界、釈迦仏の西方無勝世界、薬師仏の東方浄瑠璃世界、観音菩薩の南方補陀落《ふだらく》世界などが知られている。阿弥陀の西方浄土も十方浄土のなかの一つである。

親鸞の著述した『高僧和讃』のうち曇鸞讃第三首に「世俗の君子幸臨し／勅して浄土のゆえをとう／十方仏国浄土なり／なにによりてか西にある」、第四首「鸞師こたえてのたまわく／わが身は智慧あさくして／いまだ地位にいらざれば／念力ひとしくおよばれず」とある。世俗の国王が曇鸞大師に、「十方が浄土であるのに、なぜ西方浄土への往生を勧め願うのか」と問われた。これに対して、曇鸞は「私は智慧の浅い凡夫で、まだ不退の位（ふたたび迷いの世界に入らぬ地位）に至っていません。十方の諸仏を等しく念ずることができませんので、西方浄土を願うばかりです」と答えたのである。

日本においては浄土教の盛行によって、往生とは『無量寿経』や『観無量寿経』・『阿弥陀経』にもとづく阿弥陀の西方極楽浄土に生まれることと見なされるようになった。

阿弥陀を求めた源大夫

当時の人びとは、基本的には西方極楽世界に往生して阿弥陀如来に遇うということではなく、阿弥陀如来に遇って浄土往生を遂げるという阿弥陀信仰の姿であった。いかにして阿弥陀と出遇うことができるのか、どのようにすれば浄土往生できるのか。

十二世紀前半に成立したとされる『今昔物語集』巻第一九に、阿弥陀に遇おうと西へ西へと歩いていった源大夫の話（「讃岐国多度郡五位、法を聞きて即ち出ずること第十四」）が載っている。

今は昔、讃岐国の多度郡に源大夫という者があった。心がきわめて猛々しく、毎日朝から暮れまで山野にでかけて鹿や鳥を狩りする、河や海で魚を捕るという殺生《せっしょう》をしていた。仏教の因果の道理も知らず、法師というものを忌み嫌ってもいた。ところが、源大夫が郎等四、五人ばかりを連れて鹿などを多く獲ってきた帰り道、お堂があって人が多く集まっていた。源大夫は「これは何をする所だ」と問うと、郎等が「これは堂という所で、法会《ほうえ》を行って仏を供養するところです」と言った。大夫はそういったことをする者のあることは話に少し聞いたことがあったが、間近に見たことがなかったので、人を押し分けて入ると講座に講師がいた。講師と目を合わせて「講師はどんなことを説いているのだ。俺の心に『なるほど』と思わせるようなことを聞かせよ。そうでなければ、よくないことになるぞ」と脅して刀を振り回した。講師は、これはとんだ災難にあったと恐ろしくなったが、「仏助け給え」と念じて、「ここより西に、多くの世界を過ぎて仏がおわします。阿弥陀仏といって、この仏は心が広大にして、いつも罪をつくっている人でも後悔して一度『阿弥陀仏』と唱えれば、かならずその人を楽しく微妙（めでたき）国に迎えてくれます。願いがなんでも叶う身になって、ついには仏になります」と答えた。源大夫は「その仏は人を哀れむというが、我も憎まないな」と問い返すと、講師は「そうだ」と言った。源大夫は「それならば、俺がその仏の名を呼び奉れば、仏は答えてくれるのだな」と聞くと、講師は「実《まこと》の心を至して呼び奉れば、どうして答えてくれないことがあろうか」と言った。

この後、源大夫はみずから髻《もとどり》を切って頭を剃り、郎等たちを振り捨てて阿弥陀を求めて歩き出すのである。

入道となって衣・袈裟を付け、頸には金鼓を懸けて「我はここより西に向かって阿弥陀仏を呼び奉り、金を叩いて答えてくれるところまで行こうと思う。答えてくれなければ、野山だろうが海河だろうが返ることはしない。ただ西に向かって行くだけである」と言って、声高に「阿弥陀仏よ、おーい、おーい」と金鼓を叩いて歩き出した。日暮れてある寺に行き着いたが、住持の僧に向かって「我はこの思いを発して、西に向かって行こうとしている。わき目もふらず、うしろを見返らずして、ここより西に高い峰を超えていこうと思う。今から七日たって、自分のいるところをかならず尋ねてきてくれ。歩きながら草を結んでおくので、それを標《しるし》としてくるとよい。もし食べ物があれば、少し欲しい」と言ったので、住持は干飯を渡してやった。その後、七日たって尋ねていくと高い峰があり、その峰に登って見ると西に海が眼前に見えるところに至った。その所にある二股の木に源大夫が登って「阿弥陀仏よ、おーい、おーい」と金鼓を叩きながら呼んでいた。尋ねてきた住持を見ると「我はこれよりなお西にもゆきて海にも入ろうと思ったところ、ここで阿弥陀仏が答えてくれたので、名を呼んでいるところだ」と語った。住持は奇異に思って「どのように答えてくれるのか」と問うと、「それでは呼び奉ろう」と言って、「阿弥陀仏よ、おーい、おーい、いずこにおわします」と叫ぶと、海のなかより微妙の声がして「ここに有り」と答えたので、住持は悲しく貴く感じて臥し泣くこと限りなかったという。その後、源大夫がまた七日たってからきて、自分のありさまを見とどけてくれと言った。言われたとおり、住持が七日過ぎてきてみると、源大夫は木の股のところで西に向かって死んでいた。口から微妙なる蓮華一葉が生ていた。住持は遺体を埋葬してやろうと思ったが、「鳥獣に食われるのもよいだろう」とそのままにして泣く泣く返ったという。その後のことは知らないが、源大夫は往生したようである。

阿弥陀と浄土（極楽世界）を求めて、ただひたすら西に向かって歩いていった源大夫の話は、素朴ではあるが興味深い。源大夫は香川県多度津の人であったので、そこから西に向かって歩いたとすれば、瀬戸内の海に至ったのであろう。「阿弥陀仏よ、おーい、おーい、いずこにおわします」と叫ぶと、海のなかより微妙の声がして「ここに有り」と阿弥陀が答えたという。「海のなか」となっているが、浄土は海の彼方《かなた》（海上他界）にあると捉えられていたようである。この話には、いくつか注目すべきことがある。源大夫は発心《ほっしん》して出家したことになっているが、もとは山野河海の鳥獣や魚を狩猟する者であった。源大夫は霊山や寺院を開創したことになっていないが、空海が真言密教の霊地を求めて山々に分け入ったとき二頭の猟犬を従えた狩場明神に会って、その導きで高野山麓に至ったという話、越中立山を開いた慈興上人が熊を追いかけた佐伯有若という猟師であった話、あるいは『一遍聖絵』第二にでてくる、安芸国の狩人が光る古木のなかに観音を見つけて菅生《すごう》の岩屋寺開山になった話など、日本のなかには狩猟者が仏教の導者になったり守護神になったりしている。狩猟者と仏教と関係が深く、救済の対象となる衆生であった。殺生を生業とした人たちは「いつも罪をつくっている人」とみられ、そんな者でも「実《まこと》（真）の心」で阿弥陀の名を呼んで信ずれば、阿弥陀は救済してくれるという。自分で髻を切って剃髪し、頸に金鼓をかけ、叩きながら阿弥陀の名を呼ぶことは「阿弥陀の聖」といわれた民間ヒジリの姿そのものである。木の「二股」にも意味が隠されているが、ここで口から一葉の蓮華を生じながら往生したのは、即身成仏といってよい。源大夫の往生を見とどけた住持が、「鳥獣に食われるのもよいだろう」と遺骸をそのままにしたのは、鳥葬にしたとも考えられるが、この時代における遺骸尊重観念のなさを読みとることができる。

阿弥陀に遇おうと、ただ西に向かって歩いていった源大夫の話は、純朴でいちずであるがゆえに、阿弥陀とは何か、往生とは何かを語りかけてくる。

四天王寺の西門信仰

大阪の四天王寺は聖徳太子建立《こんりゅう》の寺院として信仰されているが、その西門は阿弥陀信仰の聖地であり、往生する場所でもあった。『拾遺往生伝』巻下に、治暦年中（一〇六五〜六九）のこととして次のような話が収載されている。

沙門永快は、金峯山千手院《きんぷせんせんじゅいん》に住む僧侶であった。一生の間、戒律を守って女性と交わらず、金剛界と胎蔵界の修行を行い、あえて人びとと交わろうとせず、独りでいることが好きであった。住房の弟子たちとは、食事のときでもなければ決して眼を合わせようとせず、音でもって知らせていた。そうしていたところ、治暦年中の八月、彼岸のうちに四天王寺に参詣し、一心に阿弥陀仏の名号《みょうごう》を百万遍唱えた。そうして後、弟子たちを招き集めて、自

図８　四天王寺の西門

分の持ち物を与えて処分した。午前一時になろうとするころ、独りで住房をでていき、高声に念仏を唱えて一心に阿弥陀を礼拝した。そして、四天王寺の西に広がる難波の海に臨んだところで入滅してしまった。人びとが行ってみたところ、永快は正座して合掌し、顔色も変化していなかった。年齢は六十余歳であった。

四天王寺の西門は、現在の景観からは想像できないが、かつて海に面していた。沙門永快という僧が午前一時ごろに僧房を一人でて阿弥陀の名を高声に唱え、礼拝《らいはい》をして、西門の外に広がっていた海に臨んで往生したという。実際に海に入って亡くなってはいないようであるが、いわゆる入水《じゅすい》往生とされている例である。永快は大峯山金峯山で山岳修行をしていた者のようであるが、彼岸に四天王寺を参詣して念仏を唱える行者でもあった。入水往生というと、今日の感覚からすれば一種の自殺行とみてしまうが、捨身往生・異相往生ともいうべきものであろう。西門に臨む難波の海に入水往生したのは永快だけではなかった。大治年中（一一二六～三〇）、行範上人が四天王寺に詣って一心に念仏を唱えながら七日間の断食を行い、そして浄衣に着替え、衣の裏に砂を入れて海中に身を投げている。このとき、まわりの者が方舟に乗って音楽を調べていたとある。この法音を聞きながら行範は念仏を正修《しょうしゅ》することができ、海中に沈没していくことができたという。行範は常に無常を観じ、煩悩の身を厭っていた。入水往生した後、同行僧の夢にでて、西方極楽浄土に生まれたいと願ったのに弥勒菩薩の兜率《とそつ》内院（未来に成仏する弥勒菩薩のいるところ）に生まれたと語っている（『後拾遺往生伝』『本朝新修往生伝』）。保延六年（一一四〇）八月、僧西念《さいねん》も四天王寺の西海に身を投げて往生したいと願文に述べている（「僧西念願文」『平安遺文』第一〇巻）。鳥羽院（一一四一～六八）のころ、娘を亡くして嘆き悲しんだ女房が四天王寺に参詣し入水往生したという話（『発心集』）もあり、久寿元年（一一五四）十月には難行苦行をしていた僧誓源が四天王寺の海に身を投じたという（『続古事談』）。このように入水往生したのは永快だけではなかったが、やはり入水というのは誰でもできる往生行ではなかったであろう。入水往生は異相、特異な行為であったが、西門は聖地霊場となり、西方極楽浄土に往生したいと希求する念仏者たちが集まる場になっていた。

四天王寺の西門がこうした信仰を形成するに至ったのは、現在も西門に掲げられている「釈迦如来転法輪所　当極楽土東門中心」という四句一偈の銘文による。四天王寺は釈迦如来が法輪（仏教の教え）を転じたところであり、極楽浄土の東門の中心にあたる、というのである。この四句一偈は、『今昔物語集』巻一一に聖徳太子が西門に自筆したものとあるが、寛弘四年（一〇〇七）に発見されたという『四天王寺御朱印縁起』によるものであった。『御朱印縁起』によれば、「宝塔金堂、相当極楽浄土東門中心」とあり、聖徳太子が鬢髪六毛と仏舎利六粒を心柱のなかに籠めたという宝塔と金堂が極楽浄土の東門の中心ということになっている。天仁三年（一一一〇）十一月の清原定子「天王寺舎利供養」（『江都督納言願文集』巻五）でも「それ天王寺とは釈迦如来転法輪の地、聖徳儲皇の仏乗を崇めるところ、極楽の東門に当て西土に引摂を期す」とある。それが保延六年（一一四〇）八月に四天王寺の西海に身を投げて往生したいと述べた「僧西念願文」では、「天王寺の西門は極楽の東門に通じると伝え聞く」とあるから、宝塔・金堂から西門へと「中心」が移行している。十二世紀末成立の『梁塵秘抄』には「ごくらく浄土の東門は、難波の海に向かっている。転法輪所の西門に、念仏する人まいれとて」となっている。

難波の海の彼方にある極楽浄土からみれば、四天王寺は東門になり、四天王寺からみれば極楽浄土は西門をでた海の彼方にあることになる。四天王寺の西門信仰は西方極楽浄土の高まりによって、「東門」中心から「西門」中心へと移って形成された。『御朱印縁起』で極楽浄土の東門の中心とされた宝塔・金堂は、参詣者が「舎利」を拝見する舎利信仰の中心になっていった。治安三年（一〇二三）十月に詣った藤原道長は仏舎利を拝見しているし、鳥羽法皇や藤原頼通も金堂の舎利を拝見している。『千載和歌集』（藤原俊成撰〈一一八七〉）には、天台座主明雲《みょううん》が「天王寺に参て遺身の舎利を礼してよめる」と詞書した詠歌がある。『梁塵秘抄』には「東は難波の天王寺に、舎利まだおはします」と歌われている。舎利は仏舎利であり、釈尊その人として信仰され尊崇された。四天王寺は、宝塔・金堂の舎利信仰、西門の極楽浄土信仰、そして聖徳太子信仰の三つが結びついて、人びとの信仰を集めた。そのなかで西門は、『栄花物語』の「殿上花見」に「およそ午後六時ごろ、天王寺の西の大門に御車とめて、おりしも波の彼方に西日の入りゆくをお拝ませになる」とあるように、夕日が沈む彼方に阿弥陀如来の西方極楽浄土があると信仰されたのである。それは『観無量寿経』の日想観《にっそうかん》の世界であった。時代は降るが、『一遍聖絵』（正安元年〈一二九九〉成立）に四天王寺の西門が描かれていて、目隠しをした複数の男女が鳥居の方に向かって歩いている絵相がある。これは「めんない」（目隠し）ともいって、「極楽浄土参りの遊び」であったという。目隠しをしたまま鳥居をくぐることができれば、極楽に往生できるという「うらない」でもあった。

四天王寺の西門には、現代を生きる私たちが忘れてしまった、西方極楽世界を求めて往生しようと願った信仰があった。しかし、なぜそれほどまで阿弥陀を求め往生を願ったのであろうか。

2　臨終行儀と往生

往生要集と二十五三昧起請

阿弥陀信仰とは何か、また往生とは何かを考えようとするとき、日本における浄土教の出発点となった源信（九四二〜一〇一七）と『往生要集』を抜きにしては語れない。なぜ人びとは阿弥陀を求め、西方極楽浄土に往生しようと希求したのかという答えも、原初的にはこのなかにあるといってよいだろう。

源信は浄土願生《がんしょう》者であった。天慶五年（九四二）に大和国葛城郡当麻郷（奈良県北葛城郡）に生まれ、九歳にして比叡山に登って慈恵大師良源に師事した。一三歳で得度して仏道精進に励み、三七歳の貞元三年（九七八）に初めて『因明《いんみょう》論疏四相違略註釈』三巻、四〇歳の天元四年（九八一）に『阿弥陀仏白毫《びゃくごう》観法』一巻を著したが、その願文で「願わくば、私が臨終のときに心乱れることなく、弥陀白毫の光を見ることを得て、すぐさま安楽国に往生することができて、現前にこの観察の行を成就させたい」と述べて、阿弥陀の浄土に往生したいと表明している。そして、四四歳の永観三年（九八五）に『往生要集』を著述した。『往生要集』は①厭離穢土《おんりえど》、②欣求《ごんぐ》浄土、③極楽証拠、④正修《しょうしゅ》念仏、⑤助念方法、⑥別時念仏、⑦念仏利益、⑧念仏証拠、⑨往生諸行、⑩問答料簡の一〇章から構成されている。恐るべき八大地獄の様相を描写して、だからこそ現世を厭い離れること（①）、欣《ねが》い求めるところは浄土であり（②）、浄土のなかでも阿弥陀仏の浄土が欣求の対象となること（③）、念仏を唱えて弥陀の浄土に生まれるための五つの行（五念門：礼拝・讃嘆・作願・観察・廻向）（④）と念仏を助ける方法について説き（⑤）、念仏のなかには平生に日時を限って行う念仏と臨終時に行う念仏があり（⑥）、念仏することの利益（⑦）と諸行のなかでもなぜ念仏を中心とするのか（⑧）述べている。そして念仏以外のさまざまな行についても総括し（⑨）、最後に問答形式で極楽の依正、往生の階位などの問題を論議している(⑩)。

弥陀が聖衆《しょうじゅ》とともに来迎して念仏者が往生するさまを『往生要集』大文第二、欣求浄土の第一では次のように記している。

浄土の菩薩たちが迎えにくる楽しみというのは、およそ生きているときに悪い行いをした人が命終わるときには、四大《しだい》(一切の物体は、地・水・火・風の四つから構成されている)のうち、まず風と火が去っていき熱を発するので苦しみが多い。それに対して、善い行いをした人の命終のときには、地と水がまず去っていくのでゆるやかで苦しみがない。ましてや生前に念仏を唱え、心を深く阿弥陀と浄土にかけてきた者は、命終わるときに臨んで大いなる喜びがおのずと生まれてくるのである。このようにいう理由は、阿弥陀仏は十方世界の人びとが菩提心をおこして善根功徳を修し、真実信心から浄土の世界に生まれたいと願うならば、臨終のときに大衆とともに現れて迎えてあげましょうと誓われているからである(第十九願)。多くの菩薩と比丘衆とともに、大光明を放って光り輝き、阿弥陀仏は臨終の人の前に現れる。そのとき、大悲の観世音菩薩は百の福徳でかざられた御手に蓮台を捧持して行者の前にこられる。また大勢至菩薩は多くの菩薩たちとともに一斉にほめたたえながら手を差し出して、臨終の行者を極楽浄土へ導いてくれる。このとき、行者はこの姿をまのあたりに見て心のなかに歓びが生まれ、心身は安らかな状態になったようである。まさに知るべきである。草庵で臨終を迎えたそのときは、浄土へ導かれる蓮台の上に迎え取られたときである。すぐさま阿弥陀仏のうしろに従い、菩薩たちのなかにあって、一念の間に西方極楽浄土の世界に生まれることができる。

『往生要集』は後の浄土教の展開や文学作品、さらには日本人の地獄・極楽観にも大きな影響を及ぼした著作であった。源信は、弥陀の西方極楽浄土に往生するためには念仏が重要であり中心となることを主張したが、源信の念仏は白毫《びゃくごう》をはじめ仏の特徴である三十二相八十種好を観察（観想）していくというように「仏を念《おも》う」観想念仏であった。阿弥陀の本願との関係から念仏そのものに絶対的な意味を見いだすには、法然の出現まで待たねばならない。源信は弥陀の浄土に往生する方法として、諸行のなかで念仏を選びとったところに大きな役割を果たしたといってよいだろう。

『往生要集』は浄土往生するための理論書ともいうべきものであったが、源信は『日本往生極楽記』をまとめた慶滋保胤《よししげのやすたね》（?〜一〇〇二）とともに念仏結社をつくって実践活動も行っている。寛和二年（九八六）五月二十三日に「二十五三昧会《え》」が結成され、同年九月十五日には慶滋保胤が「二十五三昧起請」（八ケ条）を作成したが、源信は永延二年（九八八）六月十五日に「二十五三昧起請」を一二ケ条に改訂している。これを見てみると、どのような考えと方法で往生しようとしていたのか具体的に分かる。

一　毎月十五日の夜を期日として、不断念仏を修すべきこと。
一　毎月十五日の正午以後は念仏を修し、それ以前は法華経を講ずべきこと。
一　十五日夜に集まった人びとのなかで、順番に仏前の灯明を供え奉ること。
一　光明真言で土砂を加持祈禱し、これをもって亡者の遺骸にふりかけ埋めるべきこと。
一　二十五三昧会に集まった結衆の人びとは、相互に永く父母兄弟の思いをいだくべきこと。
一　結衆した者たちは、浄土に往生しようと菩提心を発《おこ》した後、おのおの身《しん》・口《く》・意《い》の三《さん》業《ごう》を慎んで護るべきこと。
一　結衆のなかに病人がでたときは、互いに心をかけて心配すべきこと。
一　結衆のなかに病人がでたときは、かわるがわる番をして守護し、病人の様子を問いただす（問訊）べきこと。

一　往生院と名づけた一宇の建物を建立《こんりゅう》して、そこに病人を移し安置させるべきこと。

一　あらかじめ適した土地を占って決め、そこを安養廟と名づけて一基の卒塔婆を建立して、結衆の墓所とすべきこと。

一　結衆のなかで命終した者のあるときは、葬儀に訪れて念仏を唱えるべきこと。

一　誓約の旨にしたがわず怠ける人は、結衆の仲間からしりぞける（擯出《ひんずい》）べきこと。

永延二年六月十五日　首楞厳院源信撰

二十五三昧会に結縁《けちえん》した人たちは、毎月十五日に集まって午前中は『法華経』を読み、夜にはあとで触れるが、不断念仏を修していた。仲間のなかに病人がでると往生院と名づけられた一宇の堂に移して、互いに介護して最後は看取ることになっていた。亡くなると念仏を唱えて葬儀を行い、遺骸を光明真言（密教で唱える真言）で土砂加持して埋葬、埋葬地には卒塔婆を建てて安養廟と名づけていた。

これは臨終行儀といわれるもので、死が訪れようとしているとき、人はいかに死ぬか、死後はどのようにするかという死の儀礼を定めた規約である。源信は『往生要集』の第六、別時念

仏の第二で

堂を無常と名づける。来る者はきわめて多く、還る者は一、二である。日没の姿に即して、心をもっぱらにして法を求めるために、その堂のなかに一体の立像《りゅうぞう》を置く。立像は金箔で塗り、面を西の方角に向ける。その像の右手はあげ、左手のなかには五綵の幡（五色の細い布）を繋ぎ、幡の脚は垂らして地に曳くようにする。病者は像の後に安置して、左手には幡の脚を執らせ、仏に従って極楽浄土の世界に往く思いをさせるべきである。看病の者は香を焚き、蓮華の花を散華《さんげ》して臨終の病者を荘厳する。もし、糞尿や吐いた唾があるならば随時取り除いてやる。

と述べている。病人が移される往生院には西に向かって阿弥陀仏を安置し、仏の右手に結んだ五色の幡を死にゆく者の左手に持たせている。仏に導かれて往生するという思いをさせる往生の儀礼であった。『往生要集』が教理的な立場から往生浄土の方法を体系化・理論化したものとすれば、この臨終行儀は死にゆく者と看取る者との実践的な方法であった。臨終行儀は往生に関わり、同時に葬送に関わっていた。阿弥陀も念仏も「往生と死」という問題に関わっていたのである。

往生伝の死と奇瑞

『往生要集』以後、人びとは死に臨んで、臨終行儀によって阿弥陀の浄土に往生しようとした。その様子を平安時代にまとめられた往生伝のなかに見てみよう。往生伝には、慶滋保胤撰『日本往生極楽記』（永観二年〈九八四〉）、鎮源撰『大日本国法華経験記』（長久年間〈一〇四〇～四四〉）、大江匡房撰『続本朝往生伝』（康和三年〈一一〇一〉～天永二年〈一一一一〉）、三善為康撰『拾遺往生伝』（天永二年〈一一一一〉～保延五年〈一一三九〉）、同撰『後拾遺往生伝』（保延三年〈一一三七〉～保延五年）、沙弥蓮禅撰『三外《さんげ》往生記』（保延五年ごろ）、藤原宗友撰『本朝新修往生伝』（仁平元年〈一一五一〉）、如寂撰『高野山往生伝』（文治三年〈一一八七〉以後）などがある。これらのなかには、僧侶だけでなく在俗の者まで取りあげられているが、『往生要集』の臨終行儀にしたがって往生しようとした者が多くみられる。長和四年（一〇一五）、六六歳で往生した阿闍梨《あじゃり》聖金という僧の場合をあげてみると次のとおりである。

阿闍梨聖金は、元慶寺の住僧であった。山城国乙訓郡（京都府南部）の石作寺に十五年の間籠もって往生のための修行をしていた。毎日の晨朝《じんじょう》・日中・日没の三時には阿弥陀の供養法を修し、また三時に加えて初夜・中夜・後夜の六時にも念仏を一万遍唱え、昼夜一日中時刻をおって礼拝すること百遍におよんだ。長和四年二月、聖金は「自分の命は今年限りである」と語った。同じ年の七月二十三日には、さらに病気になってしまった。十月になると、極楽浄土の変像を迎えて、ただひたすら念仏を唱えるようになった。十二月中旬、かたわらの人に「往生のこと以外には、他のことを言わないように」と語った。臨終のかたわらにいる僧をして、『往生要集』のなかの臨終行儀や意味を問答させては、悲しみ泣き、涙を流していた。同じ十二月二十七日になると、住房としての部屋を清掃し、沐浴して髪をきれいに剃って身支度をした。そして「死期がもう近づいている。自分の遺骸は土葬にせよ。他の人に手間をかけせさないためである」と言った。これを聞いた僧たちは、驚き怪しんで「狂言ではないか」と思ったが、聖金は「私は往生の行をおこたったことがない。どうして狂言であろうか」と言った。二十八日の午後二時ごろになると、『梵網経』を手にとって見たりした。ようやく夕方になると、威儀を整えて「念仏を高声に唱えなさい」と集まっていた僧たちに語ったので、皆これに従った。念仏を唱えている間、聖金は眠っているかとおもえば目を覚ましたりしていた。問いただしたところ「僧たちが多く見える。

どうして少ないといえようか」と言い、僧たちが『往生要集』の臨終行儀を読んでいると喜んで「臨終のときに唱える十念は、百年の修行にも勝るものである。自分はその臨終十念を願っていたが、今まさにこの時である」と語った。ようやく午前四時ごろになり、看病していた弟子の紀明が極楽浄土の変像を見ると、急に異《あや》しい光が見えた。眼を近づけて見ると、元のようにまた見えない。阿闍梨聖金は、五色の糸を尊像の手に繋げ、普段から用意していた三種の願文とともに手に取った。顔を西に向け、手に定印《じょういん》を結び、正座した姿で息絶えた。時に、長和四年十二月二十九日、六六歳であった。

（『拾遺往生伝』巻下）

死に臨んだ阿闍梨聖金にとって、『往生要集』の臨終行儀は往生のためのバイブルであった。書かれてある意味を問答しては悲しみ、泣き、涙を落とし、聞いてはありがたく歓喜した。臨終の十念（念仏）に行としての重きをおき、また期待している。死期を覚ったとき「極楽浄土の変像」を迎えたとある。「変像」とは、当麻《たいま》曼陀羅のような浄土の姿を描いた変相図のこととも考えられるが、五色の糸を「尊像の手に」掛けているので仏像のことであろう。願生浄土を願う願文と五色の糸を手に持ちながら定印（臍の前で両手を組み、禅定《ぜんじょう》に入った相を示す印契）を結び、正座の姿勢で顔を西に向けて往生した。

阿弥陀像と死にゆく者とを結ぶ五色の糸は、臨終儀礼のなかでも象徴的な死の作法である。楞厳院《りょうごんいん》の境妙法師が「浄き衣裳を着て、五色の糸をもって弥陀仏の手に着けて、その糸をもってわが手にとり、西方に向かって正座した」(『大日本国法華経験記』巻中)、左近衛将監下野敦末が「永長二年(一〇九七)閏正月十四日、すこし病の気になった。すぐさま沐浴して、ただちに丈六の阿弥陀仏の像に向かって、五色の糸を仏の手に繫げて、これを投《と》って念仏した」(『拾遺往生伝』巻中)とあるように、各往生伝に散見される。記されていなくても、実際には行われており、往生するために欠かせぬ臨終作法として広まっていた儀礼であった。それは阿弥陀によって極楽へ引接《いんじょう》される、往生のための「命綱」であっただろう。死にゆく者は、なんとしても阿弥陀に遇わねばならなかった。比叡山西塔《さいとう》の法寿は、弥陀の像を図したり『法華経』を写して供養し、都の住処を離れて隠居した。終日に『涅槃経』・『観無量寿経』をはじめ『摩訶止観』・『法華文句《ほっけもんぐ》』などを閲覧していたが、「この善根をもって、極楽に生れんことを望み、弥陀に値《あ》い申しあげることを欲している」と願っている。阿弥陀に値(遇)って、五色の糸に引かれながら西方極楽浄土へ往生することが望みであった。

それでは、臨終行儀という死の作法を実践すれば、往生できるのであろうか。何をもって、死者は「往生した」となるのか。往生伝の世界では、「奇瑞」が往生の証《あかし》であった。左近衛将監下野敦末（前掲）は、丈六の阿弥陀の手に繋いだ五色の糸を手にとって往生しようとした翌日、申の刻（午後四時〜六時）になって南西の方から光がさして敦末の胸を照らした。かたわらにいた人が怪しく思って戸外を見たが、陰雲だけでいささかの光もなかったという。その日、山からでてきた樵《きこり》が、西方に怪しい雲があってこの処に垂れなびいてきている。雲の色は通常とは異なっている、と告げにきた。夕日が沈んだ後、夜に敦末は端座合掌して息が絶えたが、その後数日して、光明が照らした衣のところが金色になり、まったく変化することがなかった。見る者聞く者、誰もが感心して褒めたという。敦末が往生した証は、死の直前に現れた光明と瑞雲、金色に変化した衣であった。このほかの奇瑞の様子を拾ってみると、「七月五日、にわかに亡くなられた。この時に当って、家に香しい薫りがし、空からは音楽が聞こえてきた。夏なのに数日が経過しても遺骸は朽ちることなく、生きているときのようであった」（高階真人良臣、『日本往生極楽記』）、「その左の手を見れば、蓮華一茎を持っている。蓮《はなびら》の広さは七、八寸、この世の花とも思われない。光色は鮮やかでうるわしく、香気が発散していた。看病の人がこの花の由縁を問うと、答えて言うには、私を迎える人がもとこの花を持っていたのです、という。すぐに入滅した」（伊勢国飯高郡の一老婦、『日本往生極楽記』）、「ある聖《ひじり》が夢を見て言うには、寛妙は金《こがね》の車に乗って経を捧げ、天童がまわりを取りかこんで彼方に行った。見た人が語って言うには、境妙聖人が浄土に往生したと」（楞厳院の境妙法師、『大日本国法華経験記』巻中）などと記されている。

奇瑞は、死の直前に現れるものと死後に現れるものがあったが、仏・菩薩が迎えにくる、迎えの輿がくる、光明がさす、瑞雲がたなびく、音楽が聞こえる、蓮華を持つ、死後の身体が朽ちただれない、持経がなくなる、といった出来事であった。こうした奇瑞は、かたわらにいる看病人には見えなかったようで、往生人か下野敦末の話にでてくる樵《きこり》のように第三者の証言によって分かるものであった。大僧都寛忠の姉であった尼某は、死期が迫るとただ弥陀を念じ、明後日に極楽へ詣るというときに不断念仏を修したいと欲った。寛忠が衆僧に三日の夜にわたって念仏三昧を修せしめたところ、尼は「西方から宝の輿が飛んできて眼前にあるが、仏と菩薩は濁穢があるといって帰り去ってしまった」と涙ながらに語った。寛忠がふたたび諷誦《ふじゅ》（曲調をつけて経や念仏を唱えること）を修すと、明くる日に尼は「聖衆《しょうじゅ》がまたきた、往生の時がきた」と言って、念仏しながら入滅したという（『日本往生極楽記』）。この話など、尼は阿弥陀と聖衆の来迎を眼前に見ているのであるが、大僧都寛忠には見えていない。往生は死にゆく者の語り、死後、かたわらにいた看病人のみる夢や奇瑞によって確証されている。

臨終行儀を実践すれば、かならず往生できるとも限らなかった。次の話は、死にゆく者にとって奇瑞とは何か、往生とは何であったのか、ということを語りかけてくる。

大法師頼暹《らいせん》は、西府安楽寺（太宰府天満宮のこと）で学問を司る僧であった。以前から人びとと交わり、笙・笛・琵琶などの管弦を合奏することが好きであった。そこで「弥陀尊に帰命《きみょう》し礼拝します、かならず臨終の時には浄土へお導きください」という詞の楽曲をつくっていた。毎月の十五日になると、雅楽を奏する楽人五、六人を招いては合奏し、これを往生講と名づけていた。多年の間、この講をもっぱらに勤修《ごんしゅ》していた。死期に臨んだとき涙を流しながら「天から音楽が聞こえてこない。部屋にはよい香りもしない。極楽に往生したいという自分の意志とは相違している」と声高に述べ、二度も三度も嘆いたのであった。そして突然、三尺の阿弥陀仏に抱きついて、そのまま亡くなってしまった。このとき、部屋のなかにおおくの香りが発散し、空には雲でも煙でもないものが覆い、かげったり晴れたりした。時に延久年中（一〇六九〜七四）、良基卿が太宰府の次官であったころのことである。

（『拾遺往生伝』巻下）

頼暹は生前から「弥陀尊に帰命し礼拝します、かならず臨終の時には浄土へ導いてください（帰命頂礼弥陀尊、引接必ず垂れ給へ）」と和讃をつくり、毎月十五日の往生講で唱えていた。しかし、死期に臨んだとき天に音楽は聞こえず、部屋に薫香はなかった。奇瑞が現れなかったのである。常日ごろから往生を願っていたのに、と涙ながらに嘆き悲しみ、阿弥陀仏を抱きながら死んだという。死後、室に異香がしたのでなんとか往生できたようであるが、「空には雲でも煙でもないものが覆い、かげったり晴れたりした（乍《かつ》は陰り乍は晴れたり）」という表現からするとおぼつかない。阿弥陀の仏像を抱きながら、涙を流しつつ嘆き悲しみのなかで死なねばならなかった頼暹の気持ちと姿を想像するとき、阿弥陀に裏切られたという絶望感であったに違いない。それは浄土願生者の苦悩であった。死にゆく者が阿弥陀に遇って五色の糸に引接され、西方浄土へ往生したいという願いは、またかたわらで看取る者たちの期待でもあったろう。源信の改訂した「二十五三昧起請」の八番目に「結衆のなかに病人がでたときは、かわるがわる番をして守護し、病人の様子を問いただすべきこと（結集の中に病人ある時、結番して逓《たがいに》守護し問訊すべきこと）」とあったが、「訊」は「問いただすこと」「質問すること」ということである。看取る者たちが臨終の間際にいる者に対して、阿弥陀や聖衆の来迎が見えるか、あるいは光明が見えるか、などと問いただすことが行われていた。死にゆく者の往生が奇瑞によって確証されれば、これから死なねばならぬ者たちにとっても往生の確約が得られたことになったということであろう。だからこそ、往生人は死後であっても夢のなかにでてきて、みずからが往生したことを語らねばならなかったのである。しかし、「死」という事実と現実は、かならずしも死にゆく者と看取る者たちの思いや期待どおりにはいかなかった。それが「死のきびしさ」であり、生まれた者はかならず死ぬという道理であった。死にゆく者も看取る者も、期待と不安と苦悩のなかで五色の糸を引き、念仏を唱えていた姿がここにはあったに違いない。

道長の阿弥陀信仰

平安時代中期、藤原氏の隆盛期に権力者であった藤原道長（九六六〜一〇二七）の阿弥陀信仰と死の様子をみてみよう。源信とは同時代であり、源信は道長より二十四年はやく生まれ、道長在世中に入滅している。道長は寛弘二年（一〇〇五）九月に『往生要集』の清書を藤原行成に依頼しており、熱心な阿弥陀信仰者であった。

道長の阿弥陀信仰をみるとき、まず寛弘四年八月に吉野金峯山《きんぷせん》に奉納された「金銅藤原道長経筒」（国宝）が注目される。道長が四二歳のときであった。経筒は銅製の鍛造りで塗金され、高さ三六・四、径一五・三センチのものであった。筒のなかには『妙法蓮華経』一部八巻、『無量義経』・『観普賢経』各一巻、『阿弥陀経』一巻、『弥勒上生経《じょうしょうきょう》』『弥勒下生経《げしょうきょう》』『弥勒成仏経』各一巻、『般若心経』一巻、合わせて一五巻がみずから書写して納入された。筒身側面の銘文によれば、経巻納入の目的は竜華《りゅうげ》の晨《あさ》を期するもので、『法華経』は釈尊の恩に報ずるためとあり、『阿弥陀経』は臨終のときに身心が散乱せず、弥陀尊を念じて極楽世界に往生するためとある。『御堂関白記』によれば、道長は五二歳であった寛仁二年（一〇一七）五月二十九日に檀像（栴檀や白檀などで彫刻した仏像）の阿弥陀仏と『観無量寿経』の供養を行い、寛仁五年九月からは一日に一一万遍以上の念仏を唱えている。阿弥陀仏に帰依して、念仏を唱えることによって西方極楽世界に往生しようと願っていた。

道長は寛仁三年に出家している。同四年、京都市上京区京極あたりに阿弥陀堂を建立して九体阿弥陀仏を安置し、これを無量寿院と称した。その後、法成寺《ほうじょうじ》と改称して金堂や五大堂・薬師堂などが順次建立され伽藍が形成されていった。阿弥陀堂の様子について、『栄花物語』巻第一八「たまのうてな」は次のように記している。

連れだって御堂に参上してお見あげ申すと、西に寄って北南の方に東向きで、十余間の瓦葺の御堂がある。榱《たるき》の端々は黄金《こがね》色である。すべての金具類もみな黄金である。仏前の

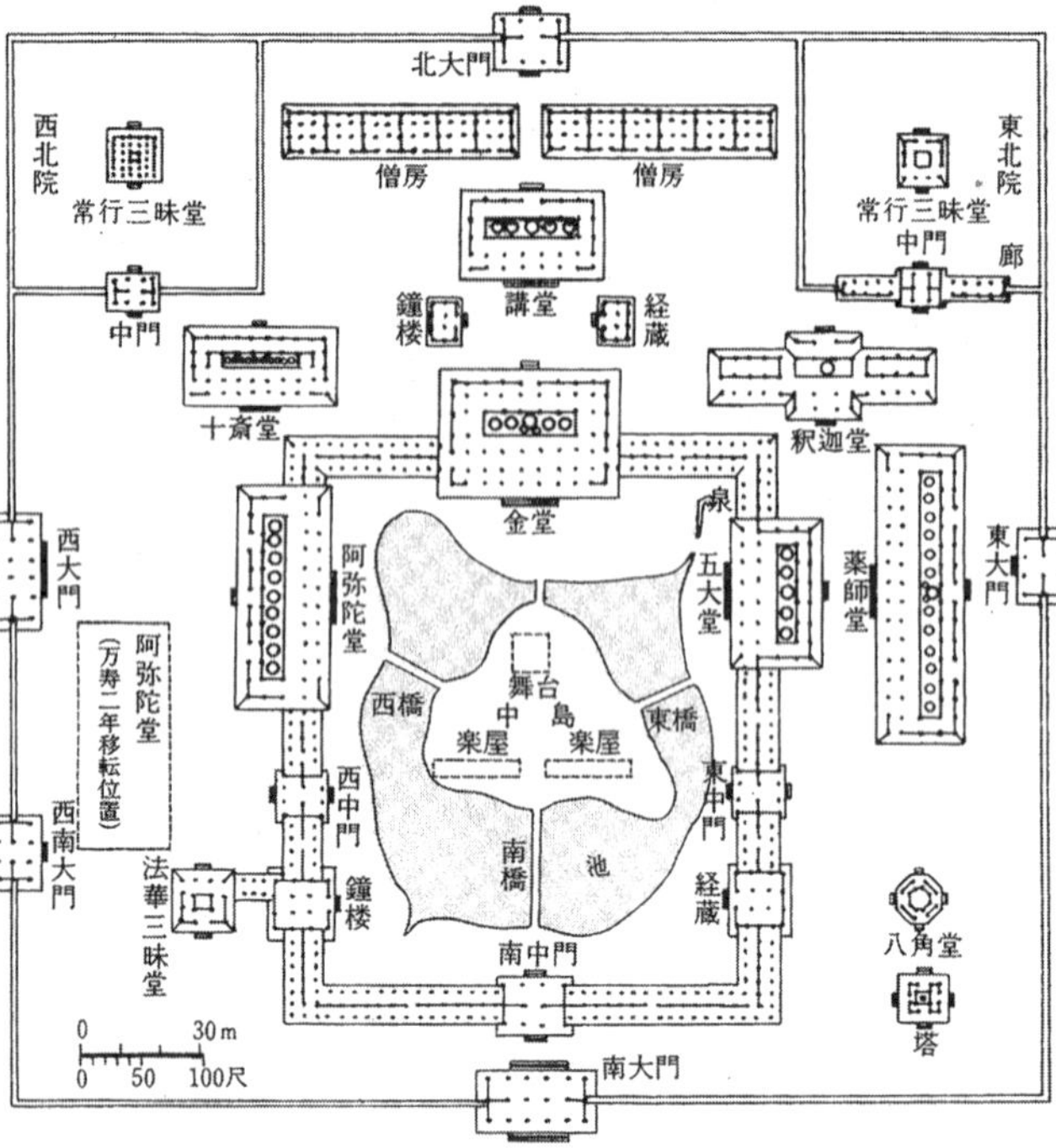

図９　法成寺伽藍復元推定図
（福山敏男「日本の美術９　平等院と中尊寺」〈平凡社〉より）

方にある内陣と外陣《げじん》を隔てる犬防ぎ（低い柵）は、金を漆のように塗り、格子の違い目ごとに螺鈿《らでん》をほどこした花形を付け、さまざな玉石が入れてある。上からは網を掛け、村濃《むらご》の（染色した）組み紐でお結びになっている。北南のかたわらの扉、東の扉ごとに絵をお描きになっている。上方には色紙形のなかに詞をお書きになっている。

上の方なので仰いでみても見えにくい。九品《くほん》蓮台のありさまである。あるいは年来の念仏により、あるいは臨終の時の十念により、あるいは命終のとき善知識にあい、あるいは乗急の人（教えを聞き智慧を磨くには熱心であるが、戒を保つにことに緩慢な人）、あるいは戒急の者（戒を保つには熱心であるが、教えを聞き智慧を磨くことに緩慢な人）、それぞれの行いにしたがって極楽の迎えを得るものである。これは聖衆来迎の楽しみと見える。阿弥陀如来は来迎の雲に乗り、光を放って行者のもとに出現される。観音菩薩と勢至菩薩も蓮台を捧げ持って一緒にお越しになる。

阿弥陀堂は東向きに建てられていて、垂木の先は黄金に輝き、金物類もみな黄金であった。入口の扉には、阿弥陀が観音・勢至や諸菩薩を従えて死者を迎えに来迎する絵が描かれていた、とある。この聖衆来迎図の扉を入ると、九体の阿弥陀仏が安置されていた。

仏をお見あげ申すと、丈六の阿弥陀如来におわして、光明はもっとも勝れて比べようもない第一の尊さである。仏の三十二相の一つである肉髻《にくけい》の頭髪は緑の色が深く、眉間にある白毫は右にめぐってまといからまっており、大きさは五つの須弥山《しゅみせん》ほどもある。……また蓮の糸を村濃の組紐にして、九体の御手をとおして中尊阿弥陀仏の御手に重ねつづり合わせ、殿（道長）の念誦の座に、東向きにお引きになっている。いつもこの糸に御心をおかけになられ、御念仏への心ざしがお絶えになるということはない。御臨終の時にこの糸をお引きになり、極楽浄土に往生なさるものと見受けられた。九体の阿弥陀仏は、九品の浄土に割り当ててお造りになったものであろう。

九体の丈六阿弥陀仏は、上品上生《じょうぼんじょうしょう》から下品下生《げぼんげしょう》（極楽浄土は、往生する者の生前に積んだ功徳によって九等階位に分けられている。『観無量寿経』に説かれている）までの浄土に割り当てて造られたものである。蓮の糸を村濃《むらご》の組み紐に作った糸は、各阿弥陀の手をとおし、中尊の阿弥陀の御手でまとめ、さらに念誦の座まで引いていた。「村濃」とは濃淡をつけて染色することであるが、蓮の糸を色づけした組み紐とは五色の糸であったとみてよいだろう。また、「念誦の座（処）」というのは、道長が座る念誦の場所のことで、東の廂の中の間にあった。三尺ばかりの障子で北・南・東、上方を立てて囲い、一人が座るほどの広さであったという。黄昏《たそがれ》の念仏といって、日が傾いて西日がさすころになると、各僧坊から二〇人ばかりの僧侶が参集してきて、念仏を唱えながら行道が行われた。このとき、道長は九体の阿弥陀の御手から引かれた五色の糸を手に持ち、念仏を唱えたのであった。

万寿四年（一〇二七）十二月四日、道長はこの阿弥陀堂において亡くなっている。六二歳の生涯であった。『栄花物語』巻第三〇「つるのはやし」に、道長往生の様子を見てみよう。病状が悪化したので関白頼通が祈禱や御修法《みしほ》（真言祈禱の法）などを行おうとしたが、「ただ念仏だけを聞く」といって拒んでいる。十一月になって阿弥陀堂に遷り、念誦の間に造作をととのえて住むようになった。二十五日に後一条天皇が見舞いのため行幸したが、前日には御髪を剃り、袈裟・衣を召している。二十八日には東宮敦良親王が見舞いに訪れ、涙ながら「もう気がかりなことや心残りもなくなって、極楽にもすがすがしい気持ちで参ることができる」と語ったという。阿弥陀堂では朝・昼・夜の三時の念仏は常のことであったが、このころには僧綱《そうごう》や凡僧が交代で不断念仏を行うようになり、枕元で念仏を勧めることや、比叡山の座主院源がきて尊い法文を聞かせたりするようになった。道長は立ててある屏風の西面を開けさせ、九体阿弥陀仏を見守りながら臨終念仏に専心する。

すべて臨終念仏だけを思い続けなさる。阿弥陀仏の相好《そうごう》以外ほかの相を見ようとはお思いにならない。仏法の声以外、ほかの声を聞こうとはお思いにならない。極楽に往生すること以外、ほかのことをお思いにならない。御目には阿弥陀如来の相好をご覧になり、御耳には尊い念仏をお聞きになり、御心には極楽浄土に思いを馳せられて、御手には阿弥陀如来の御手から引いた糸をお持ちになり、頭北面西の姿で臥せっておられた。

十二月四日の巳の刻（午前十時）ごろに入滅、胸から上は温かく、口を動かして念仏を唱えているようであったという。

道長は念誦の間で、九体阿弥陀仏の御手に結ばれた五色の糸を引き、阿弥陀如来の相好《そうごう》をながめ、念仏の声を聞きながら極楽に心を馳せて死んだのであった。法成寺の阿弥陀堂は、道長一人が臨終の行儀を実践するための場であったのであり、往生するための「装置」であったともいえる。それでは、道長は往生できたのであろうか。導師を勤めた比叡山の座主院源は、仏の教えどおりに最後の念仏にも心乱さなかったことは頼もしいことで、葬儀において「今は極楽の上品上生の御位と頼みたてまつる」と期待を述べたが、十日の夜に中宮が見た夢では下品下生に生まれ変わっているとのことであった。また、亡くなる二、三日前、永昭僧都や融碩が枕元で念仏していたところ、融碩が夢を見たとある。九体阿弥陀仏の中尊左の方からたいへんに美しい小法師がでてきて、香炉を持ってくると道長の枕許に置いたという。だから殿は極楽往生したと判じていた。しかし、九品浄土のなかの最高位である上品上生には、往生できなかったようである。

諸行往生

道長は、阿弥陀の西方極楽浄土に生まれたいと熱烈に願った浄土願生者であったが、その信仰をみるとき決して阿弥陀信仰だけではなかった。念仏を最後まで唱えていたが、往生するための「行《ぎょう》」は、念仏一つに専心していたわけではない。すでに見た金峯山に埋納した経筒には、『妙法蓮華経』一部八巻や『弥勒上生経』『弥勒下生経』『弥勒成仏経』各一巻などが中心であった。法華経信仰や弥勒信仰のうえに阿弥陀を信仰していたのである。法成寺の伽藍をみても、五大堂・金堂・薬師堂・常行三昧堂などがあって、阿弥陀堂もそのなかの一つの建物でしかない。道長の信仰は、もろもろの行業を行って往生しようとする、いわゆる諸行往生の思想であった。

こうした諸行往生の立場をとるのは道長だけではなく、各往生伝の往生人の場合も多くがそうであった。叡山西塔《さいとう》の法寿法師などは、法華経持経者であり、夢によって死期を覚った後に「真言念誦を晨朝《じんちょう》・日中・日没の三時に怠ることとなかった。終日『涅槃経』・『観無量寿経』などのもろもろの大乗経典を拝見し、『摩訶止観』・『法華文句』の章疏を披閲して、この善根をもって、極楽に生れんことを望み、弥陀にお値《あ》い申しあげたいと欲していた」(『大日本国法華経験記』巻中)というように典型的な諸行往生者であった。諸行の信仰内容には、法華経信仰・密教信仰・不動信仰・金剛般若信仰・持戒等々あり、諸経諸論の読誦書写や諸仏諸菩薩への祈願を行い、長年にわたって積善功徳するというものであった。そのなかでも、法華経信仰と阿弥陀信仰を兼学兼修している場合が多く、『法華経』を読誦しながら念仏を唱えている。

阿弥陀の浄土である西方極楽世界はたしかに願生《がんしょう》されていたが、そこに至る行はさまざまであった。死に臨んだとき、臨終行儀の作法を実践し、臨終念仏を唱え聞きながら、五色の糸を引いて阿弥陀に迎摂《ごうしょう》されようとしても、死にゆく者の内面にはぬぐいきれない不安があったであろう。源信が『往生要集』で、阿弥陀の浄土に生まれる往生行として念仏に重きをおいたとしても、その念仏一つにわが身をまかせきることはできなかったのである。だからこそ、往生したかどうかという確証を求めて奇瑞が語られたのであった。

現世と来世

浄土はどこにあるのだろうか。おそらく「浄土はどこにあるのか」と問うよりも、「浄土とは何か」と問うことの方が近道なのかもしれないが、阿弥陀にひたすら遇おうと歩き続けた源大夫や四天王寺の西門信仰、あるいは往生伝の世界、道長の臨終行儀と往生の様子をみてきたので、「浄土はどこにあるのか」ということから少し触れておこう。

『日本往生極楽記』に死に臨んだ者が、眼前に地獄の火を見たという話がある。延暦寺の僧明靖《みょうしょう》は、密教を学んでいたが兼ねて阿弥陀をも念じていた。老年になって小病を患ったが、そのとき弟子に「地獄の火が、病の眼に遠く見えた」と語ったという。念仏のほかに救われることはないといって、僧侶を枕許に請じて仏号を唱えさせ、みずからも唱えて念仏三昧を修した。すると「眼前に見えていた地獄の火がようやく滅し、西方から光がわずかに照らしてきた。まことにこれは阿弥陀仏が極楽浄土へ導いてくれる相《すがた》である」と語った。命終のとき、沐浴して西に向かって気が絶えたという。死に臨んで、死にゆく者が見たものは聖衆来迎の姿だけではなく、反対の地獄の相を見ることもあった。『今音物語集』巻一五第四七にも、罪をつくり殺生放逸を尽くしていた男が「今死のうとするときに臨んで、目の前に火の車がきて、私を迎えとろうとする」と、地獄から迎えにきた火車を見た話がある。そして男は、弥陀の念仏を唱えればかならず極楽に往生すると信ぜよ、と僧に説かれている。往生伝の世界にはさすがに地獄を語るものは少ないが、一度は死んだものの閻魔王に会ってふたたび蘇生した話がある。出羽国田川郡布山竜華寺の妙達和尚は、心行ともに清浄《しょうじょう》にして煩悩に染まることなく、戒も堅く持して、罪業を怖れ、『法華経』を読誦していた。病にかかったわけでもないのに、手に経巻を持ったままにわかに入滅して閻魔王の宮殿に往った。そこで、閻魔王は妙達を礼拝して、「私が和尚を見るところ、ひとえに『法華経』を身から離さず読誦して、万事につき清浄にしてもっとも勝れている。濁りけがれた末世に正しく仏法を護っている人である。こうした理由で私は、いま聖《ひじり》を地獄に招いて、日本国中の人びとが行っている善悪の所行作法を説こうと思う。聖人は、よくこのことを心に念じ、娑婆に還ってから善を勧め悪を誡めて、人びとを利益《りやく》しなさい」と告げたという。妙達は死んでから七日して蘇生し、冥途の作法、閻魔王の所説をまわりに語り聞かせて多くの者を帰信させた、とある（『大日本国法華経験記』巻上）。

「浄土はどこにあるのか」と問うことは、「地獄はどこにあるのか」と問うことと同じである。阿弥陀の西方浄土を希求すればするほど、地獄も近くなったのかもしれない。眼前に地獄の火を見た延暦寺の僧明靖の話などは、このことを示しているのだろう。源信が『往生要集』の最初で、八大地獄の相をこれでもかこれでもかと描写したことも、現世における苦しみと死の恐怖・不安であり、これらを突き抜けた先に訪れる世界への期待と憧れがあったに違いない。西方極楽浄土も地獄も他界であり来世であった。

日本人の他界観は、現世の延長上に観念されていた。平安時代において、立山に地獄があることは都人にも知られていた。『今昔物語集』巻一四には「彼の山に地獄有り」て、帝釈《たいしゃく》嶽には天帝釈や冥官が集会《しゅうえ》して衆生の善悪の業《ごう》を勘え定めているとある。「日本国の罪人、罪を造って、多くこの立山の地獄に堕ちる」ということは、当時の人びとによく知られていた。立山は地獄のあるところであると同時に、また阿弥陀のまします浄土でもあった。

時代がいま少し遡るが、弘仁年間（八一〇～二三）に撰述された『日本霊異記』中巻第七に、智慧第一であった智光が大僧正に任ぜられた行基を誹《そし》り嫉妬《うらや》んだため地獄に墜ちて他界遍歴をした話がある。閻羅王の使い二人がきて智光を召し、最初は西に向かって往くと、金の楼閣があらわれた。楼閣の門に二人の神人がいて、さらに北に向かって往けと言われたので歩んでいくと、「熱き気」のところに至り、そこは智光を煮るための地獄の熱気だという。鉄の柱を抱かされ、肉が溶けて骨ぐさりだけになったが、使いが箒で柱をなでて「活《い》きよ活きよ」というと、もとどおりの身体になった。さらに北を指して往くと先の倍ほどの熱い銅柱を抱かせられた。そこからまた北に往くと、空飛ぶ鳥も熱い気によって落ちるほどの処に至り、ここは智光を焼き入れ煎るための「阿鼻《あび》地獄」であるという。智光は四六時中焼かれる苦しみを受けるが、ただ鐘を打つ音を聞くときだけ冷めて憩うことができた。こうして九日間の苦しみを受けて許され、ふたたび金の楼閣のところをとおって蘇生することができたとある。ここにはすでに閻魔王や等活地獄、阿鼻地獄がでてきており、「金の楼閣」は行基菩薩が生まれ変わるところと語られているが、内容から捉えると極楽浄土のことである。智光の他界遍歴は、閻羅王の使い・死(現世)→西→金の楼閣→北→等活地獄→北→阿鼻地獄→金の楼閣→蘇生(現世)とたどっており、地獄も極楽も現世の延長上に想定されていた。

源大夫が阿弥陀を求めて西へ西へと歩いて行ったということも、四天王寺西門の海の彼方に浄土を想って入水往生したことも、あるいは道長が金峯山に経典を埋納したことも、現世の延長上に想定した他界であり死後おもむく世界であった。このような来世観・他界観が形成されるのは、その背景に「現世肯定」の考えがあったからである。道長の建立した阿弥陀堂は、九体阿弥陀仏を安置して現世に浄土を現出させようとしたものであった。いまに残されている宇治の平等院鳳凰堂、大原の往生極楽院、日野の法界寺阿弥陀堂なども同じであろう。徹底した「現世否定」、すなわち生きている現実の世界を「仮《け》」「虚仮《こけ》」と見ていたならば、阿弥陀堂を造り、臨終に臨んで阿弥陀と聖衆来迎に遇おうとすることも、また奇瑞に期待することもなかったに違いない。日本人の他界観・来世観は現世を中心にした観念であり、阿弥陀信仰も西方の彼方にあるという極楽浄土もこのなかで形成されてきたと言ってよいだろう。

3　見仏から名号へ

有相の阿弥陀仏と不断念仏

「有相《うそう》」とは「すがた（相）がある（有）」ということで、「無相」に対する。有相は形あるもののことであるが、無相は現象の姿・形を超えていることをいう。これまで述べてきたように、死を迎えようとするとき、浄土へ往生するためには阿弥陀仏に遇わねばならなかった。「無相の阿弥陀」ではなく、死にゆく者が眼にすることのできる「有相の阿弥陀」であった。それは「見仏」、「阿弥陀仏を見る」ということである。臨終行儀のうち、重要な作法として不断念仏を修して念仏を唱え、また念仏を聞くことがあった。不断念仏とは、もともと比叡山の常行三昧堂で行われた「仏身をみようとする行法」であったと言ってよいだろう。阿弥陀信仰について考えるとき、どうしても触れておく必要があるので見ておきたい。

不断念仏については、これまですでに登場している。源信の改訂した「二十五三昧起請」の最初に「毎月十五日の夜を期日として不断念仏を修すべきこと」とあった。『日本往生極楽記』

のなかで、大僧都寛忠の姉であった尼某が、明後日に極楽へ詣るというときに不断念仏を修したいと願っていた。あげていないだけで、他の往生伝にみられる往生人たちの臨終行儀でも行われている。道長の場合は、死期が近づいてきたとき、阿弥陀堂のなかでは僧綱や凡僧が交代で不断念仏が行われるようになった。不断念仏とは、どのようなものであったのか。

『往生要集』とほぼ同じころに成立したとされる源為憲の『三宝絵《さんぼうえ》』（下）には、「比叡不断念仏《ひえのふだんねんぶつ》」を次のように記している。

念仏は慈覚大師（円仁）が唐土より伝えて、貞観七年（八六五）より始めて行ったものである。四種三昧のなかでは常行三昧と名づける。仲秋の風がひんやりとして気持ちよいとき、中旬になって月の光も明らかになるころ、十一日の暁から十七日の夜にいたるまで、不断に行わせるものである（故に結願の夜の修行は三七日《さんしちにち》〈二十一日間〉である。唐では三七日と云う。比叡山では三所〈東塔・西塔《さいとう》・横川《よかわ》〉に分けて行うので、一七日〈七日間〉の行である。合わせて三七日という）。身は常に仏のまわりを廻るので、身体による罪穢れはみな失せてしまうであろう。口は常に経を読誦するので、言葉による罪はみな消えてしまうであろう。心は常に仏を念ずるので、心の過ちはすべて尽きてしまうであろう。

『阿弥陀経』に云うことには

もし善心をおこした善男善女があって、阿弥陀仏の名号《みょうごう》を聞き信じて、もしくは一日、もしくは二日、もしくは三日あるいは七日の間念仏し、一心に思いを乱すことなく、臨終のときに心が惑うことがなければ、ただちに極楽世界に生まれる。

七日を限りとすることは、この『阿弥陀経』によっている。

常行三昧については『摩訶止観』が四種三昧（心を一つの対象に集中して雑念を止め、正しい智慧によって対象を観察する行法を四つに分けたもの）のなかの一つとして説いているが、比叡山で年中行事化して行われていた常行三昧は「山の不断念仏」と呼ばれて、同じものであったとみてよい。比叡山の常行三昧堂で、八月十一日の暁から十七日の夜にかけて不断に行われるもので、仏の周囲を行道しながら誦経し、心は仏を念じ続けるものであった。誦経は曲調をつけた『阿弥陀経』を声を引くように（引声《いんじょう》）読んだようである。不断「念仏」とあるから、誦経のなかでやはり引声の念仏を唱えていたのであろう。『今昔物語集』巻一一にも「八月の十一日より十七日の夜に至るまで、これ極楽の聖衆の阿弥陀如来を讃えたてまつる音なり。引声と云うこれなり」「身には常に仏を迎て、口には常に一経を唱える。心には常に思を運ぶ。三業の罪を失うこと、これに過たるはなし」などとあって、不断念仏は滅罪懺悔の行法であったが、目的は身口意三業《しんくいさんごう》の罪を滅して清浄《しょうじょう》になり、阿弥陀如来の仏身を観想し、見仏によって阿弥陀を讃えることにあった。そして、臨終のときに心の平静を失ってうろたえること（顛倒《てんどう》）がなければ、西方極楽に生まれることができるというのである。

迎講の阿弥陀

往生するためには、臨終に臨んで不断念仏を修したり、みずから念仏を唱えるだけでなく枕許で念仏を唱えてもらって「念仏の声」を聞くこと、そして阿弥陀の仏像から五色の糸を引くことが求められた。なんとしても阿弥陀に遇い、阿弥陀と聖衆に迎え摂《と》られなければ西方浄土に往生できないと観念されていたのである。この考え方は、さらに進めると臨終ではなく、平生において阿弥陀に遇《あ》おうとするものになった。

迎講《むかえこう》とは、プロローグで現在行われている当麻寺《たいまでら》のものをみたように、人間が二十五菩薩に扮して聖衆来迎のさまを演ずる宗教劇ともいえる行事である。当麻寺以外、西蓮寺（三重県上野市）、即成寺《そくじょう》（京都市東山区）、大念仏寺（大阪市住吉区）、太山寺（兵庫県神戸市）、矢田寺（奈良県大和郡山市）、久米寺（奈良県橿原市）、得生寺《とくしょう》（和歌山県有田市）、大伝寺（鳥取県東伯郡湯梨浜町）、誕生寺（岡山県津山市）、阿弥陀寺（山口県大島郡周防大島町）、石手寺（愛媛県松山市）などで行われている。このなかには近世以降に始められたものもあるが、当麻寺のように古い歴史を持ち、幾多の変遷と中断を経ながら今日まで伝承されてきたものもある。

迎講は、「迎接会《ごうしょうえ》」「迎接之講」「来迎の儀」「聖衆来迎の儀式」「迎接の儀式」「来迎会」「供養会」などと呼ばれ、阿弥陀が往生人をこの世に迎えにくる「来迎引接」のことである。絵画的には来迎図が描かれ、平等院には珍しい「帰来迎」の絵も残っている。迎講は絵画でなく来迎のさまを演ずる「劇」であるが、『往生要集』を撰述した源信が始めたものともという。『古事談』（一二一二～一五成立）に「迎講は、恵心僧都始め給うことなり」とあり、有名な話として源信が三寸の小仏を脇息の上に立て、脇息の足に紐をつけて引き寄せ引き寄せしながら涕泣していたという。『大日本国法華経験記』には「弥陀迎接の相を構えて、極楽荘厳の儀を顕にした（世に迎講と云う）。その場に集まる者は、緇素《しそ》老少より、放蕩邪見の輩に至るまで、皆不覚の涙を流して、往生の業を結び、五体地に投げて、菩提の因を植えた」などとでている。源信に学んだという寛印が丹後国天橋立で行った迎講の話も『今昔物語集』や『沙石集』にでており、京から舞人と楽人を呼び寄せて行った。迎講の日、寛印が香炉に火を入れて待っていると、阿弥陀仏、紫金の台を捧げる観音、天蓋を差す勢至、微妙の音楽を奏でる楽天の菩薩が来迎した。

寛印は涙を流し、観音が紫金の台を差し出すと「貴いと思い入った」と同時にそのまま往生したという。往生伝のなかにも迎講は散見されるが、『往生拾因』などを著した永観《えいかん》（一〇三三～一一一一）の場合は次のようであった。

天永元年（一一一〇）十二月、腰に小さな患いがあった。二年経っても立ち居ふるまいがどうも気になる。これより先、中山の吉田寺（京都市左京区吉田神楽岡町・黒谷町あたりにあった）で二十五菩薩来迎の迎講を行った。その菩薩が身につける装束二〇具は、薄絹縮緬錦と綾絹を裁断して、岩石からとった朱と紫の顔料で色を施したものである。これは四方に赴いて求め、年を重ねて用意したもので、今年になって突然本寺に施入したのであった。八月下旬になると、食事がいつものように取れなくなった。十月の晦日には、いつものように往生講を勤修した。永観は額に合掌をあてて、随喜の涙を流した。まわりを取り囲んでいた門弟たちが、念仏を勧めたところ、「ただ、阿弥陀仏と観音・勢至菩薩の名を聞くだけでも、無量劫にわたって生死《しょうじ》を流転する罪を除くことができる。どうして念仏しないことがあろうか（『観無量寿経』の文）」と答えられた。また「寿（いのち）が尽きるとき歓喜する。あたかも、もろもろの病を捨てるようである（『倶舎論』の文）。嘆くべきでない、嘆くべきでない」と言った。十一月一日、無理に沐浴された。すぐさま苦痛が除かれ、通常の状態になられたようである。同じ月の二日、往生講を勤修させた。『往生講式』の第四段である念仏往生門のところになると、講衆たちは異口同音に来迎讃（本伝、木工助敦隆の作であるという）を唱えた。永観法師は、かたわらの人に「香しいにおいがする。人びともこの香りをかいでいるのか」と語られた。講衆たちが答えて言うには、「さらさら、香りを聞くことはありません」ということであった。ようやく午前二時ごろになって、法師は頭北面西の姿勢になり、心を正しくして念仏を唱え、眠るようにして息が絶えた。歳は七九であった。

（『拾遺往生伝』巻下）

「迎接の講」とあるのが迎講のことである。永観は病にかかる前、きらびやかな錦と綾絹を求めて「菩薩の装束二〇具」を用意し、寺へ施入して修した。臨終が近くなって往生講を行い、「来迎讃」をまわりにいる者たちが異口同音に唱えると香気がして、往生したという。「来迎讃」とは「来迎和讃」のことであるが、永観は「迎接和讃」「往生極楽和讃」をつくったといわれ、源信も「極楽六時和讃」、後には源信作と伝える「来迎讃」「二十五菩薩讃」などがある。和讃は和語で仏や菩薩を賛嘆する信仰表現のもので、迎講がさかんになり聖衆来迎が期待されるなかで製作されて歌われた。

現在行われている迎講では、当麻寺のように観音・勢至、あるいは諸菩薩が登場するだけで、肝心の阿弥陀が登場せず忘れ去られている。しかし、それはおかしなことで、かつては阿弥陀仏が面を着けて登場し、なかには「仏像のなかに人間が入った阿弥陀」が出御した迎講が行われていた。関信子氏の「〝迎講阿弥陀仏像〟考Ⅰ～Ⅳ」という論考は、美術史の立場から人間が仏像のなかに入った「迎講阿弥陀仏像」の問題を調査・考究した刺激的なものである。以下、関論文によって見てみよう。

迎講における「人間が仏像のなかに入った阿弥陀仏像」のことを、関氏は「迎講阿弥陀仏像」と呼んでいるが、こうした仏像の事例として①当麻寺、②弘法寺（岡山県瀬戸内市牛窓町千手）、③米山寺（広島県三原市沼田）、④誕生寺（岡山県久米郡久米南町）のものをあげている。当麻寺の阿弥陀像は、曼陀羅堂の須弥壇上にある当麻曼陀羅厨子に向かって左手前に安置されている。四例の像高は、当麻寺の像が二一〇・五センチ、弘法寺の像も失われた裳裾部を復元すると一九八センチ前後、米山寺の像が一九二センチ、誕生寺の像は現存しないが文献史料に「大如来」とあって、いずれも大きな阿弥陀仏像であった。そして単に大きな像ということだけではなく、材の厚みが極端に薄く、当麻寺の像は「後頭部の頭光取り付け用の穴（後述）の部分で、一・一

図10　当麻寺・聖衆来迎練供養会式

〜一・二センチ、左袖の衣の端でもほぼそのくらい」、弘法寺の像は「覗き穴の周囲では四ミリ、背面の薄いところでは二ミリ程度」、米山寺の像は「各部とも約一・五センチ」という。そして、四例とも「差裳裾」「差脚部」という技法によって、頭部から法衣の裾までの上半身と裳裾部とは別々に当初作られていた。言ってみれば「ぬいぐるみ」のような阿弥陀像で、当麻寺の像などは人間が像内に入って背負うための工夫がなされていた。像内の背中部分に上下二つの鐶があって、これに紐が結ばれている。像内に入った人が、ちょうど背負子《しょいこ》のようにして阿弥陀像を背負うことができたという。弘法寺のものは像内腹のあたりに二本の角材が渡されていて、像内に入った人が二本の角材から首を出し、二本の角材を両肩に担ぐことによって像を支える工夫がなされていた。当麻寺と弘法寺のものには、「覗き穴」もあるという。

造立年代については、当麻寺の阿弥陀像は証空が当麻寺で迎講を始めた当初の像ではないかと推定して仁治三年（一二四二）ごろから寛元三年（一二四五五）ごろ、弘法寺の像は様式から一二六〇年代から八〇年代の造立、米山寺の像は補修が著しいものの早川茂平が暦仁元年（一二三八）に創始した「往生結縁の練供養」の「来迎乃阿弥陀仏」に当たる可能性が高いとしている。

関論文は、こうした「歩く阿弥陀様」が迎講に登場していたことを、現在行われている迎講の調査、文献史料、絵画資料から追求して興味深い。阿弥陀像のなかに人間が入って演ずるということは、特別な事例とも考えられるが、現世において「阿弥陀に遇いたい」と願ったことからすれば、当然行き着いた形態であり到達点であったとも言えよう。著者は迎講に登場した阿弥陀の形態として、①阿弥陀面を着ける、②裸形着装の阿弥陀像、③通形の阿弥陀像、④迎講阿弥陀像（人が像内に入る）という四形態のあったことを推定している。人間が像内に入ったり面を着けたりして阿弥陀に扮する場合は「歩く阿弥陀」（①④）であったが、通常の阿弥陀像や衣を着せた裸形阿弥陀像の場合は、輿や山車《だし》などに乗せて「引き出す阿弥陀」（②③）であった。この四つの形態のなかで、②裸形着装の阿弥陀像も注目すべきものである。阿弥陀像に衣を着せて迎講に登場させるという演出は、これまた「阿弥陀に遇いたい」と願ったことのもう一つの行き着いた方法であった。典型例が兵庫・浄土寺（小野市浄谷町）の阿弥陀像であった。この阿弥陀像は、彼岸になると夕日を背にして光り輝く浄土堂の阿弥陀三尊像とは別のもので、迎講のために造られた像であった。像高二二一・〇センチ、下半身に裳をまとっているが、上半身は裸の像で衣を着けるようになっていた。俊乗房重源《ちょうげん》の『南無阿弥陀仏作善集』「播磨別所」に「正治二年」（一二〇〇）より「迎講」を始めるとあり、「弥陀来迎立像一躰」と記されているので、この像と推定している。仏像に衣を着せることは裸形地蔵菩薩などに類例があり、聖徳太子像などにも衣服を着せることが行われてきたので、阿弥陀像に衣を着せるということは特異なことではない。しかし、仏像に衣を着せるということは、ある意味では仏像彫刻という表現方法を否定することにもなる。それは人間が像内に入る「迎講阿弥陀像」でも同様であった。否定してまで「生きている阿弥陀」を見たかったのであろう。

生身の阿弥陀

現実に阿弥陀に遇いたい、姿形のある有相《うそう》の阿弥陀を見たいということは、別の表現で言えば「生身《しょうじん》の阿弥陀」を求めたと捉えられる。「生身」とは、諸仏や菩薩が衆生を救済するため、通力によってかりに現す肉体のことである。すると「生身の阿弥陀」とは、肉身をとって現れた阿弥陀如来ということになる。古来、三国伝来の善光寺如来は「生身如来」として信仰されてきた。清涼寺の本尊釈迦如来像も、東大寺僧奝然《ちょうねん》が釈迦生存時の瑞像（生身釈迦像）を求めて宋から将来したもので、像内に五臓六腑が納入されている。阿弥陀信仰の展開とその内容を考えるとき、「生身」は重要な意味を持っている。それは、何をもって「生身の如来」となるのかということであり、舎利・遺骨信仰と関係することになった。

浄土寺の迎講で、衣を着せて登場させた半裸形の阿弥陀像造立に関わった重源《ちょうげん》は、善光寺へ二度参詣している。重源は仁安二年（一一六七）に入宋して翌三年に帰国しているが、まもなく善光寺に参詣したという。『南無阿弥陀仏作善集』の記事には、「信濃国善光寺に参詣、一度は十三日の間、百万遍を達成した、一度は七日七夜不断念仏を勤修《ごんしゅ》した、最初の夢想に言うことには、金色の御舎利これを賜り、すなわち呑むべしと仰せられ、よって呑みおえた、次の夢では面に阿弥陀如来を拝見したてまつりました」とあり、重源は善光寺の生身阿弥陀如来から舎利を賜って、これを呑んだというのである。さらに、二度目には生身の阿弥陀如来を拝見したともいう。舎利を呑むということは特異な行為であるが、舎利をみずからの胎内に呑み入れることによって、重源は自身を「生身」仏としたのかもしれない。重源は養和元年（一一八一）八月に東大寺造営勧進の宣旨を賜り、平重衡の兵火によって焼亡した東大寺の復興に尽力することになった。善光寺に参詣してみずからを生身仏と意味づけ、また生身の阿弥陀である善光寺如来と対面したということは、この造営勧進と関係があったとも指摘されている。寿永二年（一一八三）ごろから、弟子たちに「如阿弥陀仏」「安阿弥陀仏」などと阿弥陀仏号を付けたり、自身を「南無阿弥陀仏」と称するようになった。また、文治元年（一一八五）の「重源敬白文」には、「生身の舎利をもって造仏の胎中に納めた、すると光明を放ち、霊瑞がしきりに現れる」とあって、大仏の胎内に舎利を納入している。大仏だけでなく脇侍像や四天王像の胎内にも舎利を奉籠し、舎利塔なども各地に安置した。建久二年（一一九一）五月には、重源の弟子空諦《くうたい》が室生山の舎利を盗掘する事件を起こした。重源は一時逐電したともいうが、空諦をともなって院に参上し、舎利三〇粒を献上して事件は落着したとある。重源は舎利信仰を持っていた。

「舎利」には遺髪などの肉舎利や御経などの法舎利があって、かならずしも「遺骨」だけではない。また、舎利は玉のようなもので、出現したり、増減したりもする。四天王寺の舎利などは、増減することで知られていた。このように「舎利とは何か」を規定することはむずかしいが、釈迦の遺骨を仏舎利として供養することは、生身の仏として供養することと同じであり、仏舎利は生身仏であると見られていた。したがって、舎利そのものが釈迦の肉身であり、釈迦そのものであり、生身仏であったと言えよう。「生身の阿弥陀」についても、この舎利信仰の展開として位置づけられ、仏舎利を胎内にもつことによって「肉身をとって現れた阿弥陀」になったのである。

鎌倉時代、仏像の胎内に舎利（骨・御経・遺髪）だけでなく願文や結縁交名《けちえんきょうみょう》・名号札・摺仏などさまざまなものが納入された。阿弥陀像の場合をあげてみよう。浄土宗蔵（玉桂寺〈滋賀県甲賀市信楽町〉旧蔵）の阿弥陀如来立像一軀の胎内には、「建暦二年（一二一二）十二月源智造像願文　一通　三一・〇×五九・〇」「結縁交名　八巻　二冊（結縁交名の一巻に建暦二年十二月の記）」「結縁交名・名号札・包紙等　八十四枚」が納入されていた。この阿弥陀像は法然一周忌のために、弟子であった源智が中心となり、先師法然の恩徳に報いるため道俗貴賤、有縁無縁の結縁を募って造像したものであった。証空や信空など法然門弟の主要な者や九条兼実、源頼朝・頼家・実朝、後鳥羽上皇・土御門天皇、あるいは運慶・快慶などの名前もみられ、一般の僧俗の結縁者は数万にのぼるという（図録『仏像——胎内の世界——』）。源智は造像願文のなかで、

図11　阿弥陀像（浄土宗蔵）（『仏像—胎内の世界』〈滋賀県立琵琶湖文化館〉より）

結縁衆の決定往生は「我師之引接」であり、「もしこのなかの一人が、先に浄土に往生したならば、すぐに還ってきて残衆を（極楽浄土に）引き入れ、もしまた愚癡の身である私が、先に極楽に往生したならば、すみやかに生死流転《しょうじるてん》をくり返しているこの娑婆世界に入って、残りの人びとを導き化益しましょう」と述べている。これは、先に見た往生伝の世界であると言ってよいだろう。異なっているのは、臨終に五色の糸に引かれて往生しようとするのではなく、平生において阿弥陀仏に結縁し、それも法然の一周忌に、報恩のため造立される阿弥陀像の胎内に名前を納め留めるという行為である。阿弥陀像は、「引接」を決定してくれた法然そのものであり、生身の阿弥陀と見たのであろう。仏像の胎内に舎利や願文・結縁交名帳などを納入するということは、仏像そのものの宗教的意味を大きく変化させた行為であった。

仏像の胎内に舎利などを納入することは、仏像だけでなく「祖師」像にも行われるようになっていく。弘安三年（一二八〇）八月、八〇歳の叡尊寿像が造立されて、胎内に文書・記録とともに『金光明最勝王経』一〇巻をはじめとする経典が法舎利として奉籠された。また、真宗仏光寺派の了源坐像の胎内からは、遺骨と遺髪・遺品の着衣らしき布切れが発見されている。遺骨包紙には「康永三（一三四四）八月八日」と墨書されていた。了源は、元応二年（一三二〇）に造立した聖徳太子像の胎内に、師了海の遺骨を納入している。津田徹英氏によれば、親鸞の高弟であった性信木像（鎌倉末期、群馬・宝福寺蔵）には、焼骨が竹筒に籠められて首柄内に納められ、神奈川・善福寺の親鸞像では像内の躰幹部に骨が塗り込められているという。これらは生きて活躍する祖師、あるいは師を「生身仏」として見ようとしたのである。遺骨を胎内に納めたことは、祖師信仰や死者供養の方法としても展開していくことになった。

応化の阿弥陀

「生身」とよく似た考えに「応化《おうげ》」がある。親鸞は七六歳であった宝治二年（一二四八）に『高僧和讃』一一七首を撰述しているが、そのなかに師法然についての源空和讃二〇首がある。

智慧光のちからより／本師源空あらわれて／
　浄土真宗をひらきつつ／選択本願のべたまう（第二首）

源空存在せしときに／金色の光明はなたしむ／
　禅定博陸まのあたり／拝見せしめたまいけり（第七首）

本師源空の本地をば／世俗のひとびとあいつたえ
　綽和尚と称せしめ／あるいは善導としめしけり（第八首）

源空勢至と示現し／あるいは弥陀と顕現す
　上皇群臣尊敬し／京夷庶民欽仰す（第九首）
命終その期ちかづきて／本師源空のたまわく
　往生みたびになりぬるに／このたびことにとげやすし（第一四首）
源空みずからのたまわく／霊山会上《えじょう》にありしとき
　声聞《しょうもん》僧にまじわりて／頭陀を行じて化度《けど》せしむ（第一五首）
阿弥陀如来化《け》してこそ／本師源空としめしけれ
　化縁すでにつきぬれば／浄土にかえりたまいにき（第一七首）

親鸞は法然をどのように見ていたのか。法然は生存中に金色の光明を放ち、人びとは中国の道綽《どうしゃく》あるいは善導《ぜんどう》の生まれ変わりと称していた。法然は命終が近づいたとき、弟子たちに、往生することはこれで三度目になると語ったとある。もとは釈尊が説法をした霊鷲山《りょうじゅせん》で頭陀行《ずだぎょう》をしていたが、日本に生まれて念仏の教えを広め、衆生を教化済度するためにたびたび浄土から還ってきたという。親鸞は、師法然こそは阿弥陀如来が来化して現れた、阿弥陀の智慧の光から化現《けげん》した人だと述べている。だからこそ、化縁が尽きて浄土へ還るときに「本師源空のおわりには／光明紫雲のごとくなり／音楽哀婉雅亮にて／異香みぎりに暎芳す」（第一八首）と、奇瑞が現れたのだと記している。

「応化」「応化身」とは、仏・菩薩が衆生の根機に応じて種々に現れること、仏の真の体（真実）から現れるもののことである。親鸞は師法然を如来の応化・応化身として見ていた。ここで注意しなければいけないのは、「生身」とは似ているものの、決定的に異なっていることである。「生身の阿弥陀」とは、肉身をとって現れた阿弥陀如来のことで、「阿弥陀の肉身」いいかえれば「生きている阿弥陀」に遇うことであった。しかし、「応化身としての阿弥陀」は、娑婆世界に現れた阿弥陀といっても、阿弥陀の肉身（身体）にこだわることなく「用《ゆう》（はたらき）として の阿弥陀」という捉え方になっている。法然その人のなかに、如来の「はたらき」を見ていたのであり、だからこそ法然は何度も衆生済度のために生まれ変わってこの世界に来化し、このたびは念仏の教えである真宗を開き終え、化縁が尽きたので浄土へ還帰したというのであった。そこに「光明紫雲」が現れ、妙なる音楽と異香がしたという奇瑞が現れたのは、もともと如来であるからなんら不思議なことではなかったのである。阿弥陀が「肉身としての舎利」と結びつくこともなかった。人間から阿弥陀を見ようとするのか、阿弥陀から人間を見ようとするのか。ここには自力と他力の問題があり、阿弥陀信仰の大きな転回があった。親鸞の立場は後者であり、阿弥陀を「智慧の光」と捉えて、絶対他力の本願に身を委ねた阿弥陀信仰であった。それは「有相の阿弥陀」から「無相の阿弥陀」への転換であったとも言えよう。

親鸞は法然を如来が応化した姿として見ていたが、親鸞もまた如来の化身《けしん》として見られるようになる。『親鸞伝絵』は親鸞の曾孫覚如が永仁三年（一二九五）に製作した伝記であるが、「入西鑑察」段において、覚如は「くたんの僧いはく善光寺の本願御房これなりと。こゝに定禅たなこころをあわせ、ひざまつきて夢のうちにおもう様、さては生身の弥陀如来にこそと」と述べて、親鸞＝善光寺の本願御房＝生身《しょうじん》の弥陀如来と捉えている。善光寺如来は生身の弥陀如来であるという信仰があって、覚如は親鸞を同体化させ、さらには「聖人弥陀如来の来現」と述べた。しかし、この覚如の親鸞に対する捉え方は、親鸞の法然をみる見方とは微妙に違っていたと言ってよいだろう。また親鸞は「大勢至菩薩和讃」八首を製作して、勢至菩薩は「源空聖人御本地也」としている。法然を勢至菩薩の応化身とみていた。

「南無阿弥陀仏」になった阿弥陀

親鸞は「如来は光明なり」「光如来ともうすは、阿弥陀仏なり」（『尊号真像銘文』）、「すなわち、阿弥陀仏なり。この如来は光明なり」（『一念多念文意《もんい》』）、「阿弥陀仏は光明なり。光明は、智慧のかたちなりとしるべし」(『唯信鈔文意』)などと述べている。「如来」は光明であり、「智慧のかたち」という。つまり、「如」は「法」そのものであり、「如来」は「用」=「はたらき」なのである。そして阿弥陀「仏」は、その人格性を表している。このように阿弥陀如来(仏)は光明であり、「智慧のかたち(はたらき)」と捉えた親鸞からすれば、この智慧光のはたらきが現れて応化した姿が師法然であった。法然は『選択《せんちゃく》本願念仏集』を著して、絶対他力の念仏こそが往生の行であると説き、親鸞もこれを受け継いでいる。姿形を有する「有相《うそう》の阿弥陀」から、姿形のない「無相の阿弥陀」に転回させたのであるが、ここに「名号」が重要な意味を持つことになった。わかりにくいので、少し教学の内容に立ち入ることになるが、仏の身体に関する三身論からながめてみよう。

　三身とは法身《ほっしん》・報身《ほうじん》・応身《おうじん》のことである。法身とは姿形を超えた真如(真実)のさとりそのもの、報身とは菩薩が願と行とに報われて得る仏身、応身とは衆生を導くために相手に応じて現れる仏の身体、ということである。すでにみてきた「応化」「応化身」というのも、この三身のなかの一つであった。親鸞が、阿弥陀如来は光明であり智慧のはたらきであるというのは、法身のことを言っている。法身は姿や形を超えている無相であるから、凡夫の私たちには捉えがたく、見ることも遇うこともむずかしい。そこで凡夫のために、真実が形をもって現れたのが報身であり応身であった。応身とは、釈迦のように現実の歴史的世界に身体をもって現れた人のことをいうが、報身は「南無阿弥陀仏」と言葉・声になった仏のことである。なお、曇鸞《どんらん》の「法性法身《ほっしょうほっしん》」と「方便法身」という二種法身論からみると、名号は方便法身となる。「方便」とは、真実ならざるものに真実を知らせようと、真実そのものが形をもって現れることである。

『無量寿経』に登場する法蔵菩薩が仏になるのに四十八の願をたて、その第十八願に「たとい我、仏を得んに、十方衆生、心を至し信楽《しんぎょう》して我が国に生まれんと欲《おも》うて、乃至十念せん。もし生まれずは、正覚《しょうがく》をとらじ。唯五逆と正法を誹謗せんをば除く」と誓って成就している。姿形を超えた真如（真実）という法身が、「南無阿弥陀仏」という言葉になり、「あらゆる衆生其の名号を聞きて信心歓喜せんこと乃至一念せん、至心に廻向せしめたまへり。彼の国に生れんと願ぜば即ち往生を得、不退転に住せん」と願成就文にあるように、名号は、曠劫《こうごう》よりこのかた常に没し流転しているこの私という衆生の無明《むみょう》の闇を破り、真実ならざるものを呼び覚ますのである。阿弥陀から廻向される信心をもって「南無阿弥陀仏」を聞く者は、光明によってみずからの無智性（闇）を自覚させられ、そこに新しい現実（境地）が開かれるのである。これが救済であり、阿弥陀に遇うことであった。したがって、親鸞は臨終念仏や来迎を否定して来迎は諸行往生にある。自力の行者であるからである。臨終というのは、諸行往生の人についていうことである。いまだ、真実の信心を得ていないからである。また、十悪五逆の罪人がはじめて善知識にあって、勧められるときにいう言葉である。真実信心の行人は、阿弥陀の本願によって摂取不捨だから、正定聚《しょうじょうじゅ》の位に住する。このゆえに、臨終を待つことはない。来迎を頼むこともない。信心が定まるとき、往生もまた定まる。来迎の儀式を待たない。

と述べている（『末灯鈔』）。名号を聞き得た真実信心の念仏者は、必ず往生できるという現生《げんしょう》正定聚（現世においてかならず仏と成るよう定まること）の位に住むことができ、だから臨終を待ち、来迎を頼む必要はなく、来迎儀式も待たない、というのであった。

一遍もまた、親鸞と同じような名号《みょうごう》観に到達している。『一遍聖絵』第三に

「融通念仏を勧める聖よ、どうして念仏を間違って勧められるのか。御房の勧めによって一切衆生がはじめて往生するのではない。阿弥陀仏が十劫という昔に悟りを開かれたときに、一切衆生の往生は南無阿弥陀仏と決定《けつじょう》したのである。信と不信を取捨せず、浄と不浄

を分け隔てすることなく、その札を配りなさい」とお示しになる。

とある。一遍が、熊野へ向かう山中で一人の僧に「南無阿弥陀仏」の名号札をわたそうとしたが、「信心がおこらないから」と言われて拒絶されてしまった。名号と「信心」についてまだ疑念の残っていた一遍は、熊野本宮証誠殿に参籠する。そして熊野権現から示現されたのが、この『一遍聖絵』の言葉であった。一遍の勧めによって一切の衆生が往生するのではなく、すでに十劫の昔に阿弥陀仏がさとりを開いて成就したときに、衆生の往生は南無阿弥陀仏と定まっているのである。だから信と不信を区別することなく、浄も不浄もきらわず念仏の札を配る（賦《ふ》算《さん》）すればよい、という熊野権現の神託であった。この場面について、『播州法語集』五一には「熊野権現、『信・不信ということをいはず、有罪・無罪を論ずることなく、南無阿弥陀仏が往生するぞ』と御示現なされたとき、自力我執を打ち払って法師は領解《りょうげ》したという。常の仰せです」とある。「一切衆生の往生は南無阿弥陀仏と決定するところ」「南無阿弥陀仏が往生する」という表現は、親鸞からはでてこないもので、一遍独自の名号観である。一遍は名号を称えるに必要な三心（至誠心《しじょうしん》・深心《じんしん》・廻向発願心《ほっがんしん》）をすべて名号に帰してしまう。三心すなわち如来の一心は、名号のなかにこめられているとする。そして、「わが心を打ち捨て一向に名号によって往生するのだと心得れば、やがて決定の心はおこるのである。これを決定の信がたつという」（『播州法語集』二〇）とも言っているように、わが心をも南無阿弥陀仏に捨て切ってしまう。凡夫の心には「決定」ということがなく、「決定」は名号だけであるという。自心を断ち切り、自己を南無阿弥陀仏に捨て果てて名号と一体になろうとした。自我が南無阿弥陀仏に死ぬことであった。だから「南無阿弥陀仏と息が絶えるところに、絶対の真理を悟って領解する一念を、臨終正念《しょうねん》という。これがすなわち十劫正覚の一念」（「結縁したまふ殿上人に書てしめしたまふ御法語」）というのである。親鸞にとっての名号は、「真実の信心はかならず名号を具す。名号はかならずしも願力の信心を具しません」（『教行信証』信巻）というもので、如来から廻向され、この私に起こった「真実の信心」にはかならず名号が具わっているが、名号だけでは如来の本願による信心が具わっているとは言えない、という立場であった。信・不信をえらばず念仏を称《とな》えればよいとする一遍の立場とは、「信心」の捉え方で異なっていたのである。

このように親鸞と一遍とでは名号観が異なっていたが、両者とも徹底的に自己を破り、自己を捨て果てて、「南無阿弥陀仏」という名号（念仏）のなかに阿弥陀の救済をみたのであった。親鸞が臨終来迎を否定したように、一遍もまた南無阿弥陀仏と息絶えることが臨終であるといって否定していた。念仏三昧や見仏ということについて、一遍はまた次のようにも述べている（『播州法語集』一四）。

また言うには、念仏三昧ということ、三昧というのは見仏の意味である。通常の意味では、定善《じょうぜん》の人は現身で仏を見る、散善《さんぜん》の人は臨終に仏を見ることから、三昧と名づけているという。この意味は納得できない。この見仏は観仏三昧の立場からのものである。ここで、念仏三昧というのは、始まりもなく本来常住不滅の仏のことである。これは真実の仏を見るということであり、真実の三昧である。だから念仏を王三昧というのである。

この意味を補足すれば、次のとおりとなる。心を統一して善い行為をする人（定善）は現身のまま仏を見、散り乱れた心で善い行為をする人（散善）は臨終のときに仏を見るから三昧と名づけるなどと言っているが、これはともに自力の行いである。また、この見仏は「観仏三昧」すなわち源信の観想念仏のように、仏身のすぐれた姿・相を想って見ようとする三昧である。いま、自分がいう念仏三昧とは、無始より常住不変・不滅で存在する仏（南無阿弥陀仏）を見ようとする真実の見仏であり、真実の三昧のことである。だから念仏を三昧のなかでも王たる三昧というのである。この法語には、「有相の阿弥陀」から「無相の阿弥陀」へ、見仏から名号へと阿弥陀信仰が転換されたことが述べられている。阿弥陀信仰において、阿弥陀が「南無阿弥陀仏」になったのであった。そして、「南無阿弥陀仏」となったことによって、親鸞・一遍以後、阿弥陀信仰は踊り念仏・念仏踊り、板碑《いたび》の名号などへと展開して、民衆救済の阿弥陀信仰たりえたのであった。

第三章　阿弥陀絵像の民俗

阿弥陀信仰とは何かについて、本章では阿弥陀仏を軸に描いた阿弥陀絵像をめぐる民俗と信仰から考えてみる。第一章「仏壇の阿弥陀如来と行事」でみたような、阿弥陀絵像を安置する真宗仏壇や寺院はどのように成立したのか。また、第二章「往生と阿弥陀信仰」で確認した死に臨んでの臨終行儀は、中世から近世にかけてどのように展開したのか。こうしたなかに、死者祭祀や民俗信仰と結びついた阿弥陀信仰を探ってみよう。

1　阿弥陀絵像とオソウブツ

オソウブツ

オソウブツとは真宗門徒の村などで、葬儀もしくは法事などのときに、手次寺から門徒へ臨時的に貸し出される阿弥陀如来の絵像のことであり、このような習俗と阿弥陀如来の絵像本尊を指す。呼称はオソウブツ（お惣仏・総仏）のほかにホトケサン（仏さん）・オクリボトケ（送り仏）・ムカエボトケ（迎え仏）・ニョライサン（如来さん）・ダイホンサン（大品さん）・リンジュウブツ（臨終仏）・リンジボトケ（臨時仏）・ノブツサン（野仏さん）・ムジョウブツ（無常仏）・オタカラサン（お宝さん）などと呼ばれている。オソウブツ習俗は、三重県・岐阜県・滋賀県から石川県・新潟県にかけて分布している。

滋賀県の湖北地域には、こうした習俗が集中して伝承されてきたので、その様子から見てみよう。

長浜市郷野町の仏縁寺（仏光寺派）では、次のように行われている。

葬式や法事のときに、ホトケサンと呼ばれている光明本尊と、リンジュウブツと呼ばれる阿弥陀如来絵像が寺から貸し出される。葬式のときのホトケサンムカエ（仏さん迎え）の仕方は、施主が裃、妻が白喪服で前帯姿、そして裸足という格好で寺へホトケサンを迎えにいく。そして寺から喪家へ行列を成していく。順序は、①サンバソウ（道を開けていく、鉄棒で鉦を打ち鳴らす）、②香炉（香をたきながらいく）、③光明本尊、④朱傘、⑤リンジュウブツ、⑥住職、⑦衣、⑧お経、⑨オドウグ（お道具）である。裃を着た親類代表が奉仕することになっており、「ホトケサンを申した人」のうしろに白喪服を着た奥さんが続く。家に到着するとホトケサンを住職が床の間に掛けるが、葬式のときにはリンジュウブツを中心に奉懸し、法事のときは光明本尊を中心にして掛ける。「ホトケサン（光明本尊）はおとまりにはならない」という。「リンジュウブツだけが、遺体の側でとまる」という。灰葬から帰るとアゲヅトメを行い、これが済むと住職が絵像を持って帰る。ホトケサンヲモウス（仏さんを申す）とかならず「入仏法要」をするという。三回忌、七回忌、五十回忌などの法事でも、親鸞絵像だけでなく四幅絵伝・太子絵像・リンジュウブツ・光明本尊が門徒の家へ貸し出され、ヨンシャクダン（四尺壇）といわれる八畳の四部屋に各絵像が掛けられる。太子絵像は、金婚式、銀婚式、還暦などのときに貸し出される。

こうした姿をみると、かなり厳格な意識をもって、一定の儀式をともないながら絵像の送り迎えがなされている。同市鍛治屋町にある西証寺（仏光寺派）では、阿弥陀如来の絵像をホトケサンと呼んでいて、「ホトケサンがサガラレル」という。施主が一時間前に寺にお迎えにくると、住職は外陣《げじん》で施主にホトケサンを渡し、ホトケサンが寺をでるときには、伴で付いてきたものが鐘を六つから七つ撞く。坊守は、ホトケサンが下がられるときに「縁側で拝むものだ」と姑から教えられたという。「女性はホトケサンに触ってはいけないものだ」とも言われた。施主の家に着くとホトケサンは床の間に掛けられる。ホトケサンは住職と一緒に帰ってくるが、昔は葬式が終わり、手伝い方の食事が済んでから寺へ返却された。ノカザリ（野飾り）・輪灯なども貸し出され、トナリシンルイの六、七人が必要な道具を寺から持っていくことになっているという。このほか、長浜市湖北町馬渡では「足袋、裸足で本堂に駆け込んでリンジュウブツをいただいて床の間に掛けるもの」と言われている。また、足袋・裸足で喪主が寺へ迎えにくるので、住職が一緒について持っていく、枕経のときにゴエンサン（住職）が持っていくところなどもある。絵像本尊は喪家の床の間に掛けられ、輪灯・菊灯・三具足などで荘厳され、この前で葬儀が執り行われることになる。

仏光寺派の寺院のなかには、阿弥陀如来の絵像本尊だけでなく光明本尊を所蔵しているところがある。光明本尊については後に触れることとするが、光明本尊までオソウブツとして貸し出されている。長浜市郷野町の仏縁寺では、ホトケサン（光明本尊）・リンジュウブツ（阿弥陀如来絵像）と区別されていたが、長浜市野瀬町の光福寺も同様であった。現在は新しい写しの光明本尊が貸し出されているが、以前は室町期のものが実際に貸し出されていたという。

このようなオソウブツの習俗は、湖北地方にあってはどこのムラでも行われているものである。当地域は真宗の大谷派寺院と仏光寺派寺院が多く分布していて、真宗門徒のムラが多いが、宗派に関係なく行われている。滋賀県の湖北以外では、湖東の一部でも行われていた。東近江市伊庭町の正厳寺では光明本尊がイットウボトケ（一斗仏）、阿弥陀如来の絵像がゴショウボトケ（五升仏）と呼称されていて、やはり葬儀や年忌法事に貸し出されている。リンジュウブツあるいはオソウブツという表現はされていないが、「ホトケさんのお迎え」などとも言われ、住職はオデマシニナルと言っている。死者ができるとあくる日に喪家の親戚などが借りにきて、以前は絵像の軸を風呂敷に包んで首から下げて持っていった。それが正式のお迎えの仕方であるという。ホトケサンは床の間に掛けられ、その前に三具足と菊灯、そして前にお棺を安置するのが以前の姿であった。現在は葬儀壇をしつらえるようになったので、この壇のうしろにホトケサンを掛けている。ホトケさんは初七日まで喪家に安置してあるので、住職は初七日まで毎日お勤めにいくという。また、近江八幡市南津田町の正覚寺では、葬儀や年忌法事などに貸し出されることはなかったが、盆行事にオソウブツと呼ばれる阿弥陀如来の絵像がムラの門徒宅に寺から貸し出されて掛けられていた。住職は十五日の昼から当番の家のオソウブツにお詣りにいったものだという。現在はこの行事もなくなり、本堂内陣にオソウブツを掛け、門徒の盆の挨拶を受けた後に一座のお勤めを行っている。こうしてみると、東近江市能登川町では湖北とまったく同じ形態のオソウブツが行われており、近江八幡市南津田では形態が変化しているもののオソウブツという呼称が聞かれたので、湖北地方ばかりでなく湖東地方にあってもオソウブツ習俗は分布していたかもしれない。いずれにしても、現行では湖東にはほとんどみられず、湖北に集中しているのである。

新潟県の事例もあげておこう。新潟市西蒲区河井ではムジョウブツと呼ばれ、葬儀になると手次寺である長善寺へ喪主が取りにきた。主人がタビハダシ（足袋・裸足）で迎えにきて、本堂からでるときは、本尊を首から掛けて持っていった。葬儀だけでなく、法事のときにも貸し出され、三人で迎えにきて、一人が本尊を首から掛ける、一人が朱傘をさす、一人が装束を持っていくというものであった。ムジョウブツは一週間たってから寺へ返しにくる。火葬場へは、本尊を厨子に入れて持っていった。絵像はもともとは両度講の講仏であった。両度講は二十年前まで機能していたがやめになり、講仏を寺で管理するようになった。これをムジョウブツとしている。ムジョウブツに対してお金を包んで持ってくるようなことはない。通夜に貸し出される絵像は、普段は須弥壇下に保管している。三条市鬼木の智正寺では、住職が通夜になると阿弥陀如来の絵像を持っていき、門徒はオタカラと呼んでいる。寺ではゴホンゾンと言っている。法事のときにも貸し出され、床の間に掛ける。葬儀・法事は仏壇の前で行わず、すべてオタカラの前で読経される。仏壇ではあとで偈文が読まれる程度である。絵像はオレイマイリ（お礼参り）のときに寺へ返される。地鎮祭のときなどは、阿弥陀如来の絵像（二百代）とかならず太子絵像が貸し出される。ゴエイサマ（御影様）といわれる蓮如・厳如など歴代法主《ほっしゅ》の絵像も貸し出される。貸し出される絵像は、本堂に掛けてあるものであり、ときには本堂のなかに絵像がなくなってしまうときもあるという。上越市の光源寺でも、通夜のときに喪家へ住職が持っていく。かつてはオムカエがあったという。絵像は二百代ほどの大きさである。還骨勤行と初七日もムジョウブツの前で行い、中陰中はムジョウブツを中陰壇に安置し、これをオダン（御壇）といっている。七日ごとのお詣りをオダンマイリという。初七日までは住職が毎日喪家のオダンにお経を読みにいき、以後は七日ごとに行く。昔、オダン中は毎日住職がお経を読みに通っていたという。五七日をダンバライ（壇払い）といって中陰壇を取り去り、ムジョウブツが寺へ戻ってくる。

滋賀県と新潟県の事例を見てきたが、他の地域でも簡略されているものの、ほぼ同様な形態であった。寺院から貸し出される絵像は、光明本尊や太子絵像・本願寺歴代御影といったものもあり、また法事などの場合もあったが、葬儀に際して阿弥陀絵像が多かったといってよいだろう。門徒の家には仏壇があるにもかかわらず、葬儀では仏壇がほとんど無視され、寺から迎えられた阿弥陀絵像を中心にして行われてきた。この阿弥陀絵像とは何であり、なぜ寺院から貸し出されるようになったのであろうか。また、どうして阿弥陀絵像が葬儀という死者祭祀と結びついているのであろうか。

阿弥陀絵像の裏書

真宗寺院に所蔵されている阿弥陀絵像は、基本的に本山から下付されたものである。像容を描いた表の裏に「裏書」といって文字が書かれており、これを判読するといつ下されたものかという下付年次や、寺院の成立形態を考えることができる。先に事例を示した湖北地方における仏光寺派寺院のものを調べると、次のように裏書が記されていた。

01

【西証寺】長浜市鍛治屋町

□長□庚　年十二月・
方便法身□形
見筆（カ）
江州浅井郡西草野庄鍛治屋村
願主釈道円

02

方便法身尊形（版）

寛延元年仲秋上浣

釈寛如（花押）

南之坊下

江州浅井郡鍛治屋村

西証寺什物也

【仏願寺】長浜市湖北町馬渡

03

慶長六辛亥年三月廿八日

方便法身尊形

画工加賀守勝筆

江州浅井郡速水南郷馬渡村

願主　釈光清

図12　臨終仏（長浜市湖北町馬渡・仏願寺）

図13　裏書「惣仏」(長浜市高月町磯野・法光寺)

【仏善寺】長浜市高月町東物部

04

（花押・朱印）

寛永廿癸未年二月四日

方便法身尊形

江州伊香郡富永庄東物部村

惣仏　釈道祐

大善院下

【法光寺】長浜市高月町磯野

05

経海（花押）

寛永四丁卯年九月十三日

方便法身尊形

画工藤衛門尉筆

江州伊香郡磯野村惣仏
願主釈西善

（傍線筆者、以下同じ）

西証寺の01は「開基仏」といわれているもので慶長五年（一六〇〇）、いま一本の阿弥陀如来絵像02はホトケサンと呼称されていて寛延元年（一七四八）下付である。オソウブツとして貸し出しされているのは、後者の絵像本尊である。仏願寺の03はリンジュウブツで慶長六年、仏善寺の04はリンジブッツァンで寛永二十年（一六四三）、法光寺の06はリンジュウブッタンで寛永四年下付である。オソウブツとして貸し出されている絵像本尊のなかには、もちろん右に掲げたものより年代の下がる新しいものもあるが、湖北地方にあっては非常に多くの場合、中世末期から近世初頭にかけてのものが実際にいまなお使用されている。大谷派寺院のオソウブツとしては、脊古真哉氏・吉田一彦氏などが調べた報告を見ると、たとえば長浜市木之本町杉野上の長通寺は天文五年（一五三六）の裏書で証如下付、同杉野中の安覚寺は宣如下付、同石道の空観寺は慶長七年で教如下付、同千田の来入寺は明応七年（一四九八）で実如下付、長浜市高月町井口の宿善寺は天文六年（一五三六）で証如下付、同雨森の本光寺は宣如下付、同落川の真西寺は宣如下付、同馬上の行信寺・円照寺は宣如下付、同馬上の宝林寺は証如下付、同東高田の立円寺は実如下付、同西宇根の速満寺は文亀三年（一五〇三）で実如下付、同熊野の了覚寺は宣如下付、といったものである。仏光寺派関係のオソウブツと比べると、大谷派寺院関係のものの方がより古い下付年次の裏書がみられ、実如・証如・教如・宣如代のもの、つまり一五〇〇年代から一六〇〇年代初頭にかけての絵像本尊である。下付年代の差は、同じ真宗系とはいっても両派の湖北地方における展開過程の様子を現している。

こうした絵像本尊は、近世に寺院化する以前の道場本尊であったとみて間違いない。長浜市湖北町山本の浄通寺（仏光寺派）では、絵像本尊のことをホトケサン・オソウブツと呼称していて、裏書は次のようになっている。

06

花押・印（経海）
寛永十七庚辰年八月五日
方便法身尊形

江州東浅井郡山本川原村道場想仏
願主　釈祐念

「願主　釈祐念」が、寛永十七年に「川原村道場想仏」として絵像本尊を仏光寺本山から下付してもらったことが判明する。そして、延宝元年（一六七三）には木仏《もくぶつ》本尊が御免となっており、さらに「号　浄通寺／江州浅井郡山本／河原村浄祐／元禄元年十二月十八日／釈随如（花押）」という寺号免許状があるので、この元禄元年（一六八八）に正式に寺院化したのであった。普通の場合、木仏本尊御免と寺号免許が同時であったりするが、浄通寺は木仏本尊御免から十五年後に寺号が免許されている。免許にともなう経済的な問題があったのかもしれない。仏光寺派の道場成立は大谷派の道場成立よりも遅く、また寺院化するのも年代的にあとであったようであるが、先にも少し触れたように湖北地方における両者の展開状況と、本山における近世教団体制の確立時期の違いが反映しているのであろう。いずれにしても、絵像本尊は寺院前姿形態である道場時代の本尊であった。

阿弥陀如来の絵像本尊は、現在リンジュウブツなどと呼ばれているが、道場本尊時代のころからこのように呼称されていたのであろうか。前掲の仏善寺のものはリンジブッツァンと現在よばれているが、裏書04には「惣仏」と記されていた。同じように法光寺のものもリンジュウブッタンであるが、裏書05には「惣仏」と記されていた。浄通寺の裏書06には「想仏」とある。こうしてみると、当初はソウブツと呼ばれていたのであり、リンジュウブツとは呼称されていなかったのではないか。リンジュウブツとは臨終仏の意味であるが、近世になって道場が寺院化して絵像本尊が木仏本尊にとってかわられ、絵像本尊がもっぱら門徒の葬送儀礼にだけ関わるようになったなかで、リンジュウブツという民俗語彙としての表現が生まれてきたと考えられる。そして、現在はリンジュウブツと呼ばれているが、もとはソウブツであった。

オソウブツの意味

阿弥陀如来の絵像を寺院から貸し出したりするオソウブツは、真宗門徒が行っている現行の民俗であるが、いろいろなことが考えられる。

阿弥陀如来の絵像は本山という教団から下付されたものであり、それは真宗に帰依する、帰属するという「信仰の証《あかし》」であった。真宗寺院は道場から寺院化したといわれる。しかし、この時代には、後に述べるように、まだ今日見るような寺院は成立していない。したがって、オソウブツと呼ばれる阿弥陀絵像は、寺院化以前、木仏《もくぶつ》本尊以前の道場本尊であった。道場は真宗寺院の前姿形態であり、在俗の念仏信者が中心になっていた。そのまわりに集まった地域の門徒は、近世における寺檀関係という結びつきではなく、信仰や地縁・同族による「惣」という結合の仕方で念仏集団を形成していたであろう。オソウブツの阿弥陀絵像には、こうした信仰集団に教団から下された本尊としての意味があった。門徒は道場に結集して講を行い、念仏の教えを聴聞しながらみずからが往生成仏する道を求めていたのである。そして、近世になって道場が寺院化すると阿弥陀如来の木仏本尊が安置されるようになり、阿弥陀絵像は本尊としての役目を終えたのであった。

この阿弥陀絵像には、いま一つの意味・機能があったのではないか。門徒の死に際して、葬儀の本尊としての意味である。一五〇〇年代の門徒がどのように葬儀を行っていたのかということを考えるとき、ほとんど史料は残されておらず詳しいことは分からない。村のなかに寺院はなく、寺院に止住する僧侶もいなかったことを想定するとき、在俗の毛坊主と阿弥陀絵像を中心にして葬儀を行っていたと考えるほかないだろう。それも葬儀式というような整った儀礼はなく、「南無阿弥陀仏」の念仏を称えることと、正信偈《しょうしんげ》あるいは偈文を読誦するということで「死」に対していたのではないかと推察する。

オソウブツの阿弥陀絵像が葬儀の本尊でもあったすると、もう一歩進めて、門徒にとって阿弥陀絵像は「引導仏」ではなかったか、ということも考えられる。葬送儀礼に阿弥陀絵像を寺院から借りてくる習俗は、宗派を問わず民俗レベルでみるとほかにも見られる。いくつか事例をあげて見よう。

〈事例1〉二十五菩薩来迎図（兵庫県神戸市北区道場町）

死ぬと大福寺にある阿弥陀二十五菩薩来迎図（安政五年〈一八五八〉の奥書がある）を借りてきて、阿弥陀さんの手に小さい穴があいているので、そこから糸を通し死者の手に持たせる。死者は北枕にして足を曲げて寝かせておく。そして机に線香立て、香炉などをおく。

（『近畿の葬送・墓制』）

〈事例2〉阿弥陀絵像（青森県野辺地地方）

殯　代わるぐ死水を唇につける。北枕にねかし逆屏風をたて廻す。枕許に刃物なり刀剣なりを置く。屏風には弥陀の像をかけ、その前に机を置いて、四花・早団子・水などをあげる。早団子は秋田仙北あたりではしとぎといふ。

（『旅と伝説』誕生と葬礼号）

〈事例3〉天徳如来（奈良市大安町あたり）

葬式の出る前、融通念仏宗では、「出鉦」といって、鉦講（六斎念仏講）のものが、出棺合図の鉦を叩いて町中回る。この出鉦が鳴ると講中（寺の世話方）が寺へ如来さん（天徳如来といい宗祖良忍上人の絵掛図）を迎えに行き、住持がこれについてくる。そして門前で鉦講が六斎念仏を唱えている間に、住持が出立ちの念仏を唱える。（中略）出棺の際は仏壇に灯は点さない。東九条では仏がはずかしがるからだという。また棺が表に出るとすぐ座敷を掃き障子を閉める。融通念仏宗では門口でまた住持がカド引導をわたす。この間、講中が如来さんを捧げ持って輿の天蓋にもたせかける。このとき死人の魂が如来さんに乗り移るのだという。これから行列が出る。行列が動きかけるとすぐ門を閉める。後ろへ帰ってこないようにという。

（『近畿の葬送・墓制』）

〈事例4〉臨終仏（滋賀県長浜市西浅井町・菅浦）

葬送儀礼（中略）重親類の男が二人づれで、まっさきに檀那寺に死亡通知に行き、つづいて親類の家、親方の家にいく。この時檀那寺の臨終仏の掛軸を借りてきて、寝間の死者の枕元に掛ける。阿弥陀寺（時宗）の臨終仏は一六一二年（慶長十七）に遊行派引世から下付されたものと伝え、来迎阿弥陀三尊が描かれている。（中略）納棺後、棺は寝間から座敷に移され、床の間に臨時に新設された仏壇の前に安置される。寝間の死者の枕元に掛けていた臨終仏の掛軸も、棺の移動とともに新仏壇の背後に掛けられ、寝間の死者が寝ていた跡には灯明と水を置いておく。

四九日の忌明けをキアケという。「四九のダンゴ」を白米粉でつくり、お参りしてくれた人に七個ずつ渡す。この日カタミワケをする。僧侶が供養にくる。キアケ翌日に新仏の棚をくずし、その供物はサンマイにもっていき供え、位牌は従来の仏壇に移し、また掛けていた臨終仏は寺にもどす。

(『琵琶湖総合開発地域民俗文化財特別報告書』一)

〈事例1〉では、死の直後に寺から二十五菩薩来迎図を借りてきているが、大阪府岸和田市塔原地方では、死にそうで死ねずに苦しんでいる者があると寺から二十五菩薩の掛軸を借りてきて病人のうしろに掛け、皆で千巻経を誦し早く病人をあの世におくるのだという。同じ二十五菩薩来迎図でも天徳如来と呼称されている融通念仏宗の〈事例3〉では、出棺に際して寺から借りてきて、僧侶が「カド引導」をわたすときに絵像を輿の天蓋にもたせかける儀礼を行い、このときに死者の魂が絵像に乗り移るのだとされている。〈事例4〉の菅浦は時宗の臨終仏であるが、同じ湖北地方のオソウブツとまったく同じといってよい。

このように真宗門徒以外の事例をみてくると、オソウブツの習俗的意味はすでに明らかであろう。オソウブツの別称であったオクリボトケ（送り仏）・ムカエボトケ（迎え仏）というのは、死者をこの娑婆から浄土へ送る仏、迎え摂《と》る仏、リンジュウブツは死の間際に死者の枕許に掛ける臨終仏であった。何を「送り」「迎える」のかといえば「臨終」した死者の魂をこの世からあの世（浄土）へ「送り」「迎える」ことにほかならない。ノブッサン（野仏さん）は葬場まで持っていって葬場勤行を勤めるときの本尊、という意味が込められている。ムジョウブツ（無常仏）は、葬儀をはじめ中陰法要などにも関与した無常講との関係を推定できよう。念仏の教えと阿弥陀を信仰する真宗門徒にあっても、死の際である臨終にあっては死者の魂をあの世へ送り届けてくれる仏、迎えてくれる仏が必要であったのである。オソウブツあるいはリンジュウブツなどと呼称される真宗門徒の阿弥陀絵像が、死者祭祀や魂の送迎と関係しているとすれば、この絵像は一般的には「引導仏」と捉えることができる。葬送儀礼に関与する引導仏としての絵像は、なにも門徒に限ったことではなく、他宗派の村や人びとにも行われてきたのであった。ただ、真宗門徒のオソウブツが他と異なっていたのは、「引導仏」が二十五菩薩来迎図などではなくて教団から下付された阿弥陀如来の絵像であった、ということである。また、臨終行儀で阿弥陀絵像から五色の糸を結びつけ、この糸を引きながら死を迎えるということもなかったであろう。臨終行儀や来迎往生は親鸞によって否定されていた。

2　引導仏としての阿弥陀絵像

初期真宗の阿弥陀絵像

オソウブツの阿弥陀絵像には、道場本尊としての意味と同時に引導仏としての一面も持っていたことを述べたが、この阿弥陀絵像は現在の本願寺教団をつくった蓮如（一四一五〜九九）以降、門徒に下付された本願寺様式の阿弥陀絵像である。第二章「往生と阿弥陀信仰」において、平安時代から鎌倉にかけて展開した臨終来迎、願生《がんしょう》浄土を熱烈に求めた人びとの姿をながめたが、あの阿弥陀信仰は、その後、どのように受け継がれていったのか。いま一度、時代を遡って阿弥陀如来の絵像を中心に見てみよう。

「初期真宗」とは蓮如以前の真宗を表現しているが、蓮如が登場して本願寺教団を形成する「教団化以前の真宗」といってよい。親鸞以後、親鸞の弟子を中心にして各門流が形成され、地域ごとに展開していった。性信《しょうしん》系・荒木系・磯部系・高田系というような門流としての念仏集団である。本尊も固定されておらず、九字・十字名号や光明本尊・先徳連坐像・来迎様式の阿弥陀如来絵像というようにさまざまであった。初期真宗の阿弥陀絵像についてみれば、来迎図的な要素を否定して不来迎像へという推移、そして絵像と名号と光明をもって阿弥陀信仰の姿を示そうとしたことに特徴がある。満性寺（高田派、愛知県岡崎市菅生町）の阿弥陀絵像は、卍つなぎなどの文様を截金で施した尊像が斜め左に向き、左右の足を踏み分けた蓮台の上に立ち、さらに来迎雲に乗っている。円形の頭光からは二十四条の光明が放たれている。鎌倉末期のものと推定される来迎像である。鎌倉末期とみられる浄福寺（大谷派、山形県酒田市中央西町）のものは、雲上に踏み分け蓮台で左足を少し前に出して来迎の姿勢を示しているが、尊像の向きは斜めでなく真向きとなっている。頭光や光明は描かれていない。円勝寺（本願寺派、岐阜県本巣市）の阿弥陀絵像は南北朝時代と推定されるもので、蓮台上に両足をそろえて直立した尊像で雲もない。円形の頭光は描かれているが、光明は放たれていない。このように、次第に来迎図的な要素が脱落して、本願寺様式といわれる両足をそろえて直立する尊像、尊像全体から直線の四十八条の光明を発する阿弥陀絵像が成立した。

初期真宗の阿弥陀絵像は、光明が全身からでなく半身から放たれていたり、光明の条数も十二条・十七条・十八条・十九条・二十条・二十四条・四十三条というように一定していない。そのなかで、初期真宗の本尊として特徴的な阿弥陀絵像は、阿弥陀の尊像を中心に描きながら、軸の天地左右に六字名号や十二化仏、あるいは四十八化仏を配したものであろう。願教寺（本願寺派、岩手県盛岡市北山）のものは、正面向きの尊像、四十八条の光明、天地左右に「南無阿弥陀仏」の名号を配している。正養寺（大谷派、岩手県紫波郡紫波町彦部）のものも名号の数は少ないが同形態であり、ともに室町時代のものと判定される。誠照寺（誠照寺派本山、福井県鯖江市本町）、本光寺（高田派、三重県津市片田田中町）、暮戸教会（愛知県岡崎市）旧蔵・称名寺（高田

図14　暮戸教会旧蔵・阿弥陀十二光仏像（同朋大学仏教文化研究所撮影）

図15　暮戸教会旧蔵・阿弥陀十二光仏像（部分）

派、福井市）などの絵像は、いずれも南北朝から室町時代のものであるが、天地左右に十二化仏（十二光仏）を描いている。これがさらに展開すると、顕正寺（本願寺派、大阪府八尾市久宝寺）や大正寺（山梨県富士吉田市新倉）などのように四十八化仏を描き配するようになった。中央に阿弥陀の尊像を描きながら、加えて光明の先に「南無阿弥陀仏」の名号や十二化仏・四十八化仏を描いたということは、阿弥陀―光明―名号という三つの関係について特に意識していたことを現している、とみてよいだろう。阿弥陀とは光明であり、名号そのものであることと信じていた念仏集団がいたのであった。

初期真宗の阿弥陀絵像で、いま一つ特徴的なものとして、光明本尊をあげることができる。光明本尊は、真宗のなかでも仏光寺派了源（一二九五〜一三三六）系の門流で十三世紀なかごろから十五世紀前半まで製作され、全国に八〇点ほど残されている。中央に金泥の十字・九字・八字・六字名号を配置し、ここから発する光明のなかに阿弥陀如来と釈迦如来、向かって左方にインド・中国の祖師、右方に聖徳太子と眷属、日本の先徳を描く大幅の画像である。図16は、西方寺（大谷派、愛知県清須市西枇杷島町）のもので、中央に八字名号「南無不可思議光佛」、向かって右に十字名号「帰命尽十方無碍光如来」と「大悲釈迦如来」像、左に六字名号「南無阿弥陀佛」と「大慈阿弥陀如来」像、日本の先徳には源信和尚・源空聖人、親鸞□□、真仏聖人・（源海）聖人、覚証聖人、成海聖人を描き、天地には長文の賛銘を墨書している。この光明本尊は、一幅のなかにすべてが描き表されているといってよい。名号を中心として釈迦・弥陀の関係、インド・中国・日本へと教えが伝えられてきた流れ、日本仏教の祖とされる聖徳太子と源信・源空（法然）・親鸞から伝えられた門流の系譜がみごとに収められている。そして、画像全体に放たれ行き渡っているのが光明であり、この光明には臨終の間際にある往生人を引接するような意味はこめられていない。すべてが「光の世界に摂取」されていることを示している。

こうした初期真宗門徒の阿弥陀絵像は、まちがいなく真宗系念仏集団の本尊であり礼拝《らいはい》の対

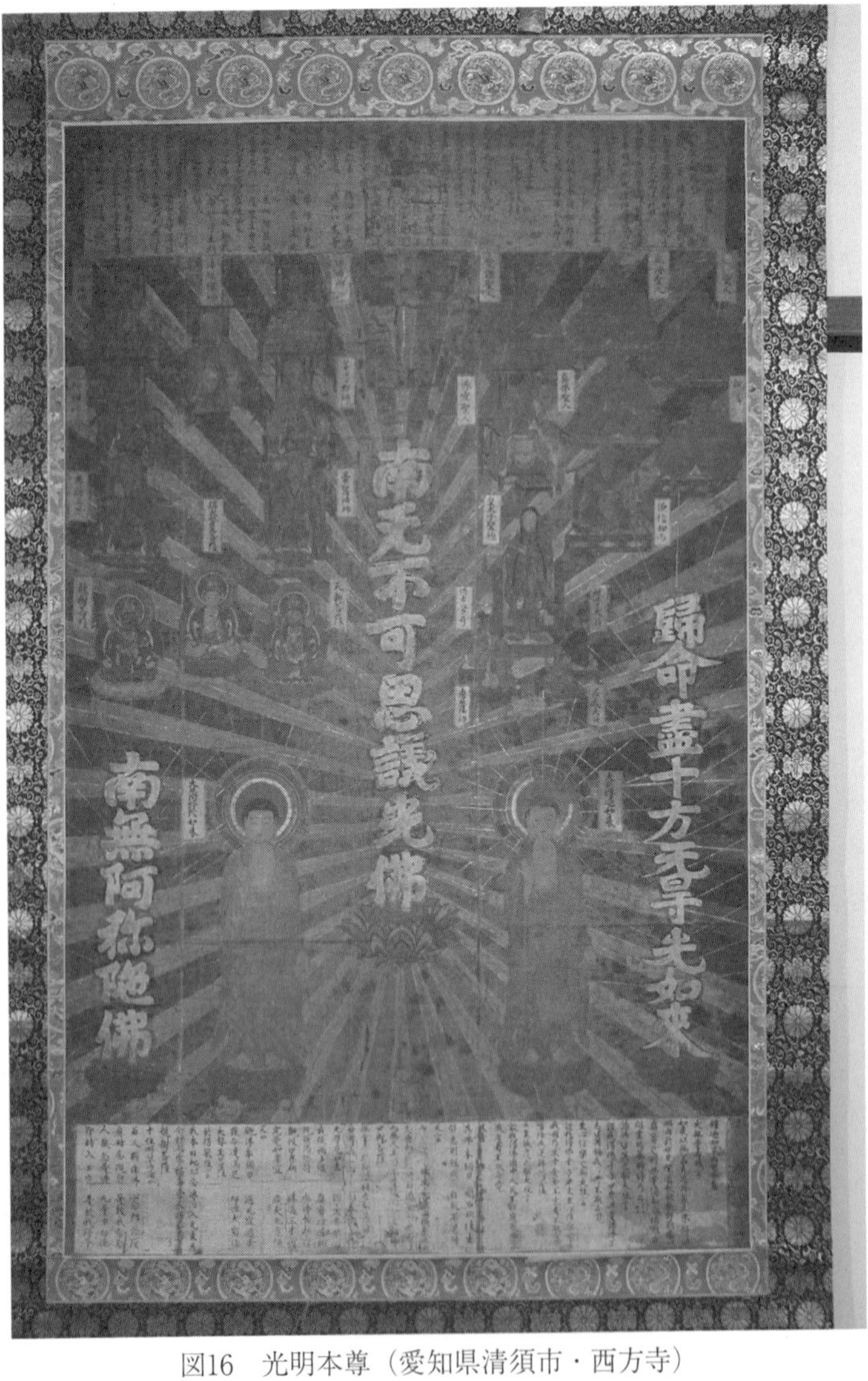

図16　光明本尊（愛知県清須市・西方寺）

象であった。しかし、それだけであったのか。オソウブツのように死や葬儀に関わっていなかったのであろうか。

「代々臨終仏」と「まいりの仏」

親鸞の血統を受け継ぐ本願寺第九代実如は、大永五年（一五二五）二月二日辰剋に往生したが、その往生前後の様子から葬礼・灰寄・中陰にわたって次第を詳細に記録した『実如上人闍《じゃ》維《い》中陰録』に

一、本尊臨終仏御亭九間ノ西三間ノ中ニ。カケ被レ申候。此間御寝所也。本尊ノ御前トヲリサマ。障子ノキワヨリ。間中許ヲキテ。横ニ頭北面東ニフトンヲシキ。ソノマ、置被レ申。

とある。この本尊臨終仏は、同日六ノ時分に危篤状態になったとき長柱に掛けられたものであり、「代々臨終仏ハ。御土蔵ニアルヘキ由御意候間。則代々ノ臨終仏ト〈金鈔表補絵也〉外題ニ候ヲ取出」とあることから、本願寺に代々伝わる臨終仏であったことがわかる。本願寺第三代覚如（一二七〇～一三五一）の一代を描いた『慕帰絵詞』巻一〇には、重病になった覚如の部屋

に阿弥陀絵像が掛けられている絵相がある。この阿弥陀絵像は、上半身が見えないが、尊像は両足をそろえて蓮台の上に立ち、尊像全身から放光している本願寺様式のものである。これが「代々の臨終仏」であろう。臨終来迎は否定されていても、臨終に際して阿弥陀絵像を枕許に掛けることは行われていた。否定されたのは「来迎引接」であって、「臨終」ではない。臨終は生者にかならず訪れる死の間際で、否定しようにも否定できない現前の事実である。阿弥陀絵像を掛けたことは、死を迎える作法として行われていたと考えられる。

初期真宗の絵像類が本尊として礼拝の対象であっただけでなく、葬送儀礼と関わっていたのではないかという推定に、重要な示唆を与えてくれるのが東北地方で行われてきた「まいりの仏」という習俗である。まいりの仏は岩手県を中心にみられるもので、阿弥陀堂や太子堂の「仏別当」とよばれる総本家筋が祭祀権を有していて、画像の種類は六字名号・十字名号・阿弥陀如来・聖徳太子・善導大師がほとんどである。かつて、死者があれば祭祀している家の主人が画像を持っていき、遺骸の上にかけ、臨終に立ち会った人とともに念仏を唱えて死者が往生したといい、それから葬式が行われたという。「まいりの仏」は旧暦十月に祭祀されることから「十月仏」などともいわれ、その信仰実態は複雑化している。画像および太子彫刻などで江戸期以前のものについて、司東真雄は「『まいりのほとけ』紀年銘一覧表」を作成し、寛元三年（一三四五）から慶長五年（一六〇〇）まで三三点を掲げている（『岩手の歴史論集』Ⅱ）。その後、門屋光昭氏をはじめ市町村史のなかで調査されてきたが、中世の紀年銘をもつものは地方作ということもあって、年次をにわかに断定することができない。しかし、平野昌氏（岩手県花巻市東和町浮田阿弥陀堂）は、地方作ではあるが全身から光明を放つ阿弥陀絵像（室町時代）、四十八条の放光と四十八化仏を配する阿弥陀絵像（室町時代）、天竺《てんじく》・震旦《しんたん》・和朝高僧太子先徳連坐像（南北朝、十四世紀後半）を所蔵している。いま一幅別な和朝太子先徳連坐像も所蔵しており、これも十五世紀初頭を降らない。中央に源信と源空を描き、上部の左右に「釈信空」と「法印大和尚位聖覚《せいかく》」、「愚禿《ぐとく》親鸞位」と「釈信海」、「□敬願」と「釈信明」が対座して描かれている。もちろん、下部には垂髪太子と六臣を描き、中央左右には賛銘があって、次第相承の札銘から鹿島門徒の流れに位置づけることができるという。こうした和朝太子先徳連坐像は、現在、関東における親鸞門弟の門流が各地へ展開して成立した寺院が蔵する連坐像と同じものである。また、昆野薫氏（岩手県北上市口内町）蔵で「応永二十三年丙申／七月上旬」銘を有する善導大師絵像は、下方に六人の僧俗姿を描く。札銘「□□居士」「祖父道仙禅門」「祖母道祐禅尼」「先孝道《ママ》清禅門」「先妣聖森禅尼」とあり、手前に描かれている札銘のない僧が願主となり、俗体姿の「□□居士」が祖父母などの供養のため製作したものであった。菅原辰夫氏（岩手県江刺市増沢）蔵の和朝太子先徳連坐像には、「信空法師」「釈実念」「深海上人」「釈唯道」「曇鸞上人」とともに女性の「実明陀尼」が描かれ、千田孝男氏（岩手県北上市更木町）蔵の黒駒太子画像の下部にも女性を含む三名が描かれている。先の昆野薫氏には十三仏木版画とともに「雲中地蔵菩薩像」一面もあって、後者にはやはり下部に五名の人物を描いている（北上市立博物館『十月仏 まいりの仏』ほか）。人物像を描いていないが、平野昌氏蔵の善導大師像（先掲のものとは別本、「于時応永元年七月十四日」銘）には、下部に「釈明円禅尼／相好弥陀八万四一／一光明十方不為／余縁光普照唯見念／仏西方極楽得往生／釈願性禅門」とあって、釈明円禅尼と釈願性禅門が夫妻で西方極楽往生を願ったことがわかる。

「まいりの仏」には、関東における親鸞門弟の教線活動と信仰の姿を確実に読みとることができる。それは、真宗が教団化して寺院が成立し僧侶が止住する以前の姿、寺僧以前の毛坊主的な形態としてあった信仰の姿と内容を残存するものである。民俗化しているが、阿弥陀絵像や名号・太子絵像などが葬送儀礼と関わり、浄土往生祈願と死者祭祀・追善供養的な一面をもって信仰されていたことを語っている。

『法然上人行状絵図』にみる引導仏

阿弥陀絵像が臨終の引導仏として使用されていた事例は、『法然上人行状絵図』（法然上人絵伝）にいくつも見ることができる。この伝記絵巻の製作年代は、元応二年（一三二〇）もしくは正中元年（一三二四）を下限とするというから、十四世紀前半ということになる。阿弥陀の四十八誓願になぞらえて四八巻から構成されていて、巻三七を法然往生、巻四三から巻四八までを門弟の往生にあてている。臨終の引導仏として阿弥陀絵像が掛けられている往生場面は、巻四三の西仙房心寂・正信房湛空・信寂房・乗願房宗源、巻四四の隆寛律師、巻四五の勢観房源智・俊乗房重源、巻四六の聖光房、巻四八の空阿弥陀仏・念仏房・真観房感西などである。このうち、西仙房心寂と隆寛律師の臨終行儀と往生の様子を見てみよう。

西仙房心寂は一人静かに別時念仏に励んだ人で、最後は妹の尼公が姉小路白川祓殿の辻子というところに住んでいたので身を寄せた。その庵室のうしろに廂を差し出し、藁で囲ったなかに座ってひたすら念仏を唱えていたという。臨終場面の絵相を見ると、西に向かって端座する心寂の正面に阿弥陀絵像が簡易長押から掛けられ、空には瑞雲、そこから光明が阿弥陀絵像と心寂に向かって一直線に放たれている。周囲には往生を聞きつけた貴賤男女が集まり、ひたすら心寂を凝視している。立派な身なりの武士が少し大きく描かれているが、大番武士であった千葉六郎太夫胤頼である。念珠を手にして合掌している。彼は心寂が往生すると即座に発心して出家したという。子どもや女性・僧侶・武士など人びとが見守るなか、心寂は元久元年（一二〇四）、高声念仏のうちに往生を遂げたとある。

隆寛《りゅうかん》は、もと慈円和尚の門弟で叡山の学僧として知られていたが、法然に師事してからは毎日八万四千遍の念仏に専念したといわれ、『選択本願念仏集』の書写も許された高弟であった。嘉禄の法難で遠流に処せられ、嘉禄三年（一二二七）十二月十三日、相模国飯山の配所で往生したとある。十三日の申時（午後四時ごろ）になって、往生のときが至ったことを覚った隆寛は、弟子たちに向かって「自分が説いてきた教えが正しかったか誤っていたのか、また一向専修の念仏によって往生する手本をも、今こそ示さなければならない」と語り、「弥陀の三尊にむかい、五色の糸を手にかけ、端座合掌して、高声念仏二百余遍」を唱えた。すると門弟正智・唯願などが念仏を同じく唱えたあと「臨終の一念は百年の業にすぐれている」と言うと、隆寛は「すこし笑みをうかべ、本尊を仰ぎ見て、高声に念仏すると、心静かな境地に入ったかのように」往生したという。詞書は続いて「御歳八〇であった。美しく色づいた雲が家の軒をめぐり、異香が部屋に満ちた。空に音楽を聞いて訪れ、臨終に出合った人は多い。律師が存命であったときの奇瑞や臨終の際の霊異はたくさんあるので載せない」とある。絵相を見ると、詞書には「弥

図17　引導（『法然上人行状絵図』総本山知恩院蔵）
（続日本絵巻物大成１『法然上人絵伝』下〈中央公論新社〉より）

陀の三尊」とあるが阿弥陀の絵像になっており、五色の糸ではなく幡を絵像から引いた隆寛の姿が描かれている。まわりには弟子たちが見守り、空の彩雲からは光明が隆寛の頭部めがけてさしこんでいる。

このような法然門弟たちの臨終場面をみると、先に見た『往生伝』の世界そのものである。引導仏として掛けられた阿弥陀絵像を子細にながめると、西仙房心寂の絵像は来迎阿弥陀の図像で、来迎雲と踏み分け蓮台に乗った尊像、頭には円光があって十三条の光明が放たれている。隆寛の引導仏には、来迎雲は描かれていないようで、光明は尊像の全身から放たれていない。このほか、勢観房源智の引導仏は木枠に掛けられ、尊像の下半身しかわからないが雲に乗り踏み分け蓮台、放光の図である。念仏房の引導仏は長押に掛けられ、雲はなくて踏み分け蓮台、放光はない。このように阿弥陀絵像のほとんどは来迎図の様式で、来迎雲と踏み分け蓮台の上に尊像が乗っている。光明のないものもあるが、あっても全身からでなく上半身だけである。引導仏のかたわらには磬が置かれ、臨終念仏を唱えつつ打たれたのであろう。

隆寛の往生場面では五色の糸（絵相では幡）が阿弥陀絵像から引かれていたが、このほかに五色の糸がみられるのは聖光房弁長（弁阿）だけである。弟子のなかでも、この二人は特別であったことがみてとれる。ちなみに、法然は臨終に五色の糸を引いていない。詞書（巻三七）では、次のように様子を記している。

同日の午前十時ごろ、弟子たちが三尺の阿弥陀仏像をお迎え申しあげて、上人が臥せっている病床の右にご安置し、「この仏がお見えになりますか」と申しあげると、上人は空を指さして、「この仏のほかに、また仏がおわします、そなたたちには見えますか、見えませんか」と仰せられて、そこでお話された。「およそ十年余り前から、念仏を称えた功が積もって、常に極楽浄土の荘厳の姿や仏・菩薩の真実な御身を拝みもうしあげています。しかし、数年は秘して誰にも話しませんでした。いま、命終に臨みましたのでお話したところです」と。また弟子たちは、仏像の御手に五色の糸を結んで、「この糸をおとりになってください」と申しあげると、上人は「このようなことは、普通の人が行う儀式です。私には、そのようなことは必要ありません」と言って、ついに五色の糸をお取りになりませんでした。

法然の引導仏は阿弥陀絵像ではなく、金色の三尺阿弥陀像であった。弟子たちが仏の手に五色の糸を掛けて法然に渡したが、法然は「このようなことは凡夫のする儀式である。私には必要ない」と言ってとうとう手にしなかった。法然は、念仏の功徳が積もって、常日ごろから極楽の荘厳や仏・菩薩の姿を眼にして拝んでいたともいう。法然は応化の人であった。弟子隆寛律師が、「一向専修の往生の手本」を示すと言って五色の糸を引き、往生を臨終の念仏に賭けた姿と対照的である。

近世往生伝にみる五色の糸

臨終に際して引導仏を用意して五色の糸を引きながら往生するという臨終行儀は、近世においても広く行われ、往生伝に見ることができる。近世の往生伝については、『近世往生伝集成』

一・二・三に翻刻掲載されているが、十七世紀後半から十九世紀前半にかけて『近世往生伝』・『新聞顕験往生伝』・『遂懐往生伝』・『現証往生伝』・『随聞往生記』・『近世南紀念仏往生伝』・『近世淡海念仏往生伝』・『新選念仏往生験記』などが編纂された。このうち、『遂懐往生伝』（享保十七年〈一七三二〉）と『現証往生伝』（元文四年〈一七三九〉）に多くの来迎往生・臨終行儀の様子が記録されている。

○覚円居士

関幾右衛門尉平命盛は、代々紀州公の家人であった。その身分は武家であったが、若いときから仏道に志があり、ひたすら浄土の教えを学んでいた。阿弥陀仏の本願力を深く信じて、四〇歳から経典を読み、一日に念仏を一万遍唱えることを日課に定めた。……もう臨終が近くなったとして、安置していた本尊を病室の西の方に移し、以前から用意していた本尊から引いた糸を手に執り、自ら鉦を叩きながら高声念仏し、菩提寺の住職を招いて十念を受けた。……赤色や紫色などの不可思議な雲が入れ替わりつつたなびいた。……頭北面西の姿勢で念仏の声とともに、正徳四年（一七一四）九月二十四日、心安らかに往生の素懐を遂げ終えた。六十五歳であった。

（『遂懐往生伝』）

○利天大僧正

武蔵国江戸にある三縁山増上寺の第四一世大僧正利天は、また航蓮杜衍誉上人慈空大和尚と号した。下総（茨城県）下妻の生まれで、鎌倉光明寺一代是心大和尚の高弟である。……臨終のときに正念して念仏を唱えれば、かならず往生が定まると願いをめぐらしていた。ときにかたわらの門人を顧みて、永遠の別れとなる感慨を述べ、長年にわたり給仕してくれたことに感謝し、十念を授けた。手を洗い、口をすすいでから本尊に向かわれ、本尊の御手から引かれた糸を採って、一心不乱に三〇遍ほど高声に念仏を唱えると、心静かに入滅された。時に享保二十年（一七三五）正月九日、享年六八歳、目黒の別荘で荼毘に付した。出棺のときから西の空に紫雲がたなびき、光明が光り輝いて、諸人がこの瑞相を見て感心しないものはなかった。

（『現証往生伝』）

○法阿法師

法師然誉法阿は、長門（山口県）萩の人であった。二一歳で長州の常念寺において出家得度した。道を求める心が堅固で、多年いろいろな処で行われた不断念仏に結衆として勤修し、後には萩の渡口にある西光庵に住持した。……同（享保六年〈一七二一〉正月）二十二日になって言うには、「自分はかねてより二十五日に往生しようと思っていたが、だいたい明日であろう。明日は元祖大師（法然）の忌日と同じである（二十三日は法然の本地勢至菩薩の縁日だからである）」。同二十三日の朝六時ごろ、本尊の御手に結んだ糸を引き回して庭前の松の樹に掛け（仏壇に向かうと東向きになるので、仏壇から御手の糸を引き回し、庭前の西の方にある松に掛け、これを引いて、西に向かって念仏するのである）、かの御手の糸をとり、西に向かって声をふるいたたせて念仏した。常念寺の林察上人が走ってきて門外から「法阿、法阿、今か、今か」と呼びかけると、法師は高らかに「今です、今です、今往生です」と答えた。上人がまた「念仏、念仏」と勧められたので、法師は「そのとおりです、そのとおりです」とうなずいて、高声念仏を数十遍唱え、慶《よろこ》びながら亡くなられた。実に、享保六年正月二十三日のことであった。歳八一……

（『現証往生伝』）

○宗春信尼

信尼栄誉宗春は、安芸広島、辻肥前守藤原重勝の女であった。父母が寵愛するあまり、武士の家に置くことを心配し、若干の資財と給仕の男女を付けて泉州（大阪府）堺の畑山氏に嫁がせた。信尼は生まれながら柔順で、いささかも怒ることがなく、その志は変わることなくて、あたかも男性のような力量であった。宿縁によるところであろうか、若いときから仏法僧の三宝を信じて敬い、晩年には忍澄上人に帰依してしばしば教えを受けた。遠くには慧遠《えおん》（三三四～四一六、中国東晋時代の僧）の教えを仰ぎ、近くには吉水法然の教えに溯って、ついに一つの善願を発起した。すでに廃絶した古寺を再建し、六時礼讃《らいさん》・斎戒念仏の永式を立てた。今この伝記を記録するところの泉浜法行精舎《しょうじゃ》（もとは宗仲寺という。知恩院の万無大和尚は浄土宗の籍を除いて永式をつくり、改めて法行寺と号した。よって中興とする）がこれである。

ところで天和二年（一六八二）の冬、思いがけず病にかかって臥せることとなり、気力は日々弱り、いろいろな医師に診てもらっても手をこまねるばかりであった。ここにおいて、信尼は死期の近いことをみずから覚り、あらかじめ道場を建てて、恵心僧都《えしんそうず》御作の阿弥陀仏立像《りゅうぞう》を安置した。そして、忍澄上人・忍愚上人を招いて臨終の知識僧とし、ときどき十念を受けるごとに臨終の身支度をした。本尊より引いた幡を手に採り、臨終正念を祈願したのであった。その浄土に迎え摂《と》られることを待っている姿は、行商人が鶏の鳴く（夜が明ける）のを喜ぶようであった。時に十二月十三日の十二時、部屋のなかがたちまち赤色の光明で照り輝いた。これは正しく極楽浄土へ迎え摂る霊光であって、往生の吉兆であろう。家々の人たちは、この霊瑞を視て驚き嘆き、悲しみ慶ばないものはなかった。……心静かな禅定に入るかのように、泰然として往生した。実に、天和二年十二月十四日のことであった。歳七五……

（『現証往生伝』）

五色の糸を引きながら臨終念仏を唱えて往生した事例を四例あげたが、利天大僧正と法阿法師は僧侶、覚円居士は武士、宗春信尼は女性である。近世往生伝の特徴は、出家者だけでなく多くの庶民の往生が取りあげられていることである。『遂懐往生伝』は、浄土宗西山派の僧侶であった南紀玉降山海善教寺の龍淵殊意が編纂したもので、僧侶が一〇名、商業者が一四名、武士が一一名、医師が四名、その他など合計五一名の伝記が記されている。『現証往生伝』は和泉国堺法行寺の住僧雲霊桂鳳の編纂によるもので、僧俗・男女の計七六名の伝記を記す。近世の往生伝は浄土宗系の僧侶によって編纂されたものがほとんどで、取りあげられた人物はいずれも仏法に志し厚く、道心堅固、常日ごろから念仏を唱える者であった。それは近世封建社会における模範的な念仏者像を描いている、と言ってもよいだろう。高僧や出家者だけでなく庶民に至るまで、みずからの死期を覚ったとき、かねてより用意していた臨終行儀を守って行い、慫慂《しょうよう》として死に臨んで往生を遂げている。記録された伝記の内容や文体は、ともすれば画一的で型どおりになっていて個性に欠けると指摘できるが、仏に引導されて往生したいと願った多くの人びとがいたことは間違いない。例にあげた法阿法師などは、仏壇の本尊から五色の糸を直接引くと東向きになるので、わざわざ糸を引き回して庭の松の木にかけ、西に向かって臨終念仏できるようにした。五色の糸と西方《さいほう》にこだわった臨終行儀である。また宗春信尼は広島から泉州堺に嫁ぎ、忍澄上人に帰依して廃絶していた古寺を再興、そして死を迎えようとしたとき道場を構えて阿弥陀立像《りゅうぞう》を安置した。忍澄上人・忍愚上人を臨終の知識としている。この忍澄上人というのは、「見仏往生」を勧めて説いたというので、臨終正念《しょうねん》・来迎往生をとくに強調したものと思われる。近世往生伝をみていると、引導仏は阿弥陀絵像や立像だけでなく、善光寺如来の絵像や曼陀羅・徳本行者の六字名号まででてくる。「死の儀礼」は庶民のなかに広まっていた。

3　阿弥陀絵像の巡回

近江八幡の十三仏

これまで、オウソウブツにおける阿弥陀絵像の引導仏的性格について追ってきた。阿弥陀絵像は、念仏集団の信仰的本尊であると同時に葬送儀礼・臨終行儀の本尊としても機能し役割を果たしてきたのではないか、ということからであった。ここで少しはずれるように見えるが、オソウブツと関係すると考えられる「阿弥陀絵像を巡回させる」民俗についてもながめてみたい。

滋賀県の近江八幡市に「十三仏」という習俗がある。十三仏信仰のことではない。一三のムラなどが所有している阿弥陀絵像を毎月持ち寄り、念仏を唱える法要を行う行事のことである。「十三仏の廻り念仏」などとも称される。一九九四年に実施された期日と場所などは次のとおりであった。

一月十五日	池田町	西川氏宅
二月十五日	南津田	公民館
三月十五日	船木	公民館
彼岸中日	大林	石井氏宅
四月二十日	小船木	願成就寺
	孫平治町	西方寺
五月　年番	多賀	
	鷹飼	
	大房	
十五日	宮内町	八幡神社拝殿
六月十五日	北の庄	西照寺
七月十五日	大林	梅宮出町集会所
八月十五日	大林	徳法寺
八月二十一日	孫平治町	西方寺
九月十五日	宇津呂	正福寺

彼岸中日　小船木　願成就寺
十月十五日　中村　旅庵寺
十一月十五日　土田　大光寺
十二月八日　孫平治町　西方寺
十二月十五日　小船木　公民館

ほぼ毎月十五日を定例日として各ムラを廻っているが、五月十五日は八幡神社（日牟礼神社）、五月と八月は西方寺（仏光寺派八幡別院）で行われ、春秋の彼岸中日にも実施している。この行事の由来については、以下の伝承がある。延徳年間（一四八九〜九二）、諸国に悪疫が流行して死人が多くでていた。江州でもはなはだしかったので、八幡神社の氏子宇津呂の庄一三ケ村はなんとか終息させようと氏神に祈願したがやむことはなかった。そこで一三ケ村の名主が協議し、「親鸞聖人の流儀には法徳としてこの世の利益があると聞いている。その宗門に頼んでみよう」ということになり、神社の鳥居元にあった西方寺を通じて仏光寺へ願いでたという。当時、仏光寺は第一三世光教上人の在位であった。上人は「現世利益和讃のことを言っているに違いない」と親鸞聖人ご製作の和讃一五首を染筆し、また恵心僧都筆と伝わる阿弥陀如来の画

図18　十三仏の阿弥陀絵像

像を一三幅写させ、「伝教大師の七難消滅の例にまかせて念仏せよ」と仰せられて一三ケ村へ下したという。これによって一三ケ村は、八幡宮の拝殿に一三幅の本尊を並べて掛け、一心に念仏して現世利益和讃を唱えると悪疫が治まった。以来、法徳を敬って毎月十五日に一三ケ村の氏子が阿弥陀如来の画像を持ち寄り、八幡宮の拝殿で念仏と和讃を勤めることになったのだという。拝殿では神楽も奏されたので「宮念仏に堂神楽」といわれていたが、明治維新後に拝殿での行事は廃止された。それから村々の廻り持ちで実施するようになったのだという。行事の由来伝承に関する資料としては、元禄元年（一六八八）に写された天正四年（一五七六）五月付の「十三軸由来書」が須田（東近江市躰光寺町）

の天雷家、八幡池田町の西川家、船木町自治会などに伝わっている。また、江戸中期の地誌『近江輿地志略《おうみよちしりゃく》』にも伝承が記載されている。

西方寺で行われた法要を実見したとき、午前十一時すぎから『阿弥陀経』の読経、念仏と現世利益和讃、御書拝読という次第で、御書には「明治四十一年八月上旬　宇津呂庄十三仏講中」とあった。また五月十五日の八幡神社では、午前十時半ごろから法要が始まった。神饌を供えた壇の奥壁面に、向かって右から月ごと（地区ごとになる）に木札が貼られた指定場所に十三仏阿弥陀絵像を奉懸、右方に宮司はじめ神官三名、左方に八幡別院輪番が着座した。最初に神官一名が進みでて一同拝礼・柏手・幣祓え、続いて宮司が「神と仏仲睦まじく」「八幡宮へ帰る日」といった内容の祝詞を奏状、巫女二名による堂神楽が舞われた。十一時ごろ、今度は仏光寺派八幡別院の輪番が正面に進みでて、『阿弥陀経』読誦・短念仏・現世利益和讃・回向文が唱えられ、御書が拝読された。最後に宮司・輪番・一三ケ村代表者の玉串奉奠があり、輪番は玉串奉奠をしながらまわりの阿弥陀絵像に向かって静かに念仏を唱えている様子であった。八幡宮拝殿の宮念仏と堂神楽は、昭和二十三年から復活されたという。

一三幅の阿弥陀絵像については、各幅図像がまちまちで同じものではなかった。仏光寺が下付したという整った裏書はなく、「廻念仏本尊　表具再興　宝永三丙戌年七月十五日　蒲生郡船木住村人一和尚可預之」（箱裏・船木）、「宝暦三年五月十八日　嶋」（裏書・徳法寺）、「元治元年三月　恵心阿弥陀如来　近江国蒲生郡比牟礼山　八幡宮氏里宇津呂村」（箱書・宇津呂）というように近世以降の記録であった。絵像の像容をみても近世のものであったが、市井氏所蔵の阿弥陀絵像（十三仏とは別幅）は十六世紀のものと推定できた。

十三仏行事は、一三のムラがそれぞれ阿弥陀絵像を所有して巡回させていること、疫病鎮圧のために始まったという由来伝承、そして八幡神社との神仏習合的な一面を持つことにおいて興味深い。ところで「十三か村」であるが、一三のムラと一三幅の阿弥陀絵像ということを強調して伝承しているが、現在は一二のムラとなっている。「十三か村」は近江八幡の城下町が形成される以前からの村で、城下町ができるときに馬場村が消えてしまったのだという。また、一ケ村一仏の原則はいつのころからか崩れて、有力な個人所有の阿弥陀絵像が加わるようにもなった。舟木にあった西川五兵衛家の絵像が一族の西川家（池田町）預かりとなったり、大林の石井五郎兵衛家が没落したので、一族と大林とで所有を争ったことがあったとも伝えられている。現在、大林には①徳法寺預かりのもの、②石井家所有のもの、③五、六軒で所有しているもの、合計三本の軸がある。このように変遷があったり、各村内における阿弥陀絵像の祭祀形態も一様ではない。そのなかでも、宇津呂・北の庄・大房・南津田・中村・土田では村内の家が毎月交替して当番をしているので、やはり「阿弥陀絵像は村共有のもの」ということが伝承されてきた元の姿とみてよい。廻り念仏などに必要な経費は、かつて村々に十三仏の田地があってまかなわれていた。「十三か村」は「十三郷」ともいわれ、上郷が北の庄・多賀・市井・大林・鷹飼・中村・宇津呂、中（郷）が土田、下郷が南津田・大房・船木・小船木と分けられている。さらに上のオヤゴウ（親郷）は大林、中は土田、下は舟木で、他のムラはエダゴウ（枝郷）ともいう。こうしたムラの区分けは、四月十四・十五日に行われる八幡祭りと松明行事の祭礼組織とも関係している。阿弥陀絵像も一三郷（一二郷）を結集させる象徴的な信仰対象として機能していた。

ムラ共有のものであった阿弥陀絵像は、葬儀にも一部関わっていた。小船木と土田では、軸を開かずに出棺のとき途中まで持っていくという。昭和三十九年に八幡別院輪番をしていた後藤大宣氏は、十三仏の由来を記録したところで「御画像を守護するものを和上と称した。和上が死去すると御本尊を棺前に掲げた墓所にて、つぎの和上に引継ぐ習はしもあった」と述べている。「和上」というのは、近江村落社会にみられる長老制度の「村の最長老」のことであろう。土田の阿弥陀絵像裏書に「村人之内一長老毎月可令執行之者也」「享保六辛暦十一月卯□此會令□奥　施主時ノ長老服部姓」とあった。この長老が村の阿弥陀絵像を管理していて、亡くなると墓所の棺前に絵像を掛けて葬儀を行い、さらに次の長老に引き継いだことがあったようである。阿弥陀絵像はムラにとって象徴的なものであった。

知多の虫供養

愛知県の知多半島にも「虫供養」といって、阿弥陀絵像をはじめ各種絵像を村々に巡回させる行事が行われている。とくに「道場供養」と秋彼岸の大法要が盛大である。中世末期以来、幾多の変遷をしながら今日まで受け継がれてきた。表2は、消滅したものまで含めて、その分布概要をまとめたものである。「西浦一四ケ村の虫供養」は、明治九年にムラ連合の話し合いによって解散・消滅してしまったが、「寺本・清水・姫島の虫供養」はその流れを汲むものである。同じく「西枳豆志《きずし》」の虫供養も明治初期に消滅してしまった。それでも東海市から知多市・東浦町・阿久比町・半田市・常滑市・武豊町・美浜町まで、村を中心とした地域集団がこの行事を今なお伝承している。東浦・大野谷・阿久比谷の虫供養は、昭和五十八年に「知多の虫供養行事」として県無形民俗文化財に指定された。ここでは「大野谷一二（一三）か村」の虫供養を中心に、行事の流れと内容を概観してみよう。

大野谷の大供養といわれるものは知多市と常滑市にまたがり、北粕谷、矢田、大興寺、西之

注記	史料
・旧荒尾村の木庭、富田、平島、渡内、寺中、加家では「弥陀さん」といって、行事を復活したという。	・清水に「虫供養縁起」(弘化４年・1847)
・西浦14か村の流れを汲むもので、昭和24年から復活	
	・本尊は「一尊来迎図」、「表具再興慶長七壬寅年二月……」古仏 ・起源伝承、緒川地蔵院保管の「閻魔法皇尊」三軸の裏書、水野信英が元和２年に草創とある。
	・英比谷開闢如来 ・「尾州知多郡英比之谷古来念仏供養講番輪次之記録」、文亀二年(1502)写し ・「元和年中以来英比月順会仏講番之記月」 ・山越阿弥陀如来軸裏書「奉寄進念仏供養本尊知多郡角岡村円月院円舜法印菩提、元和三年(1617)丁巳八月彼岸中日」
・もと乙川四遍念仏同行主催、海蔵寺(曹洞宗)・光照寺(時宗)・法蔵寺(浄土宗)の３か寺で交代していたが、昭和56年より海蔵寺が行っている。	
	・元和２年の定板 ・「一升升・五合桝」

表2　知多虫供養一覧

地域	市町	主催・村(ムラ)	法要時期
西浦14ケ村	東海市	藪、横須賀、大里、木田、荒尾、姫島、名和、大高、長草、吉川、半月、加木屋、寺本、佐布里	明治9年に消滅
寺本・清水・姫島の虫供養	知多市・東海市	知多市の寺本地区、東海市の清水・姫島	9月彼岸
東浦(緒川)5ケ村	東浦町	緒川、石浜、生路、藤江、村木(森岡)	9月彼岸
阿久比谷13ケ村	阿久比町	横松、椋岡、矢口、高岡、阿久比、卯の山、坂部、草木、白沢、福住、板山、富津、萩	正月6日「お紐解き」、夏虫干し、9月彼岸
乙川海蔵寺	半田市	海蔵寺(曹洞宗)	9月彼岸
有脇の虫供養	半田市	福住寺と蓮念寺が交代	9月彼岸
成岩常楽寺	半田市	念仏同行主催、常楽寺境内	9月彼岸
大野谷12(13)ケ村・大供養	知多市、常滑市	北粕谷、矢田、大興寺、西之口、松原、南粕谷、小倉、宮山・石瀬、榎戸、権現、大草、羽根	9月虫供養、道場大念仏(12～1月)
大野谷・日長・岡田の小供養	知多市	日長地区の里西、里東、山奥、山中、鍛冶屋、松原(上ゲ・下)、岡田地区の奥・中・里	正月虫供養
枳豆志5ケ村	武豊町、美浜町	長尾、大足、冨貴、布土、東大高	9月彼岸
西枳豆志	常滑市	樽見、西阿野、熊野、小場、檜原、苅谷、大谷、小鈴谷、広目	明治初期に消滅

図19　大野谷の虫供養

口、松原、南粕谷、小倉、宮山・石瀬、榎戸、権現、大草、羽根の一三ケ村であるが、宮山と石瀬が合同で行っているので十二年に一度、順番になったムラが当番として大野谷虫供養の道場を開催する。順番は干支によって当番年が決まっている。平成十七年は知多市大草地区が当番年であった。大野谷虫供養行事の内容は、十二月十五日から翌年一月十五日まで開催される道場供養、秋彼岸に当番村の寺院などで行われる大法要、そして毎日の巡回念仏という三つに分かれる。大草地区ではこの行事のことをオアミダサマ（お阿弥陀様）と呼んでおり、村行事として執行することから、まず役員の選出任命が六月から始まった。役員はトウニン（当人）と呼ばれ、その代表責任者をドウモリ（堂守）とかヤドモト（宿元）とか呼んでいる。大草では当人の任期が次の当番年まで十二年となるので、六〇歳代を一八名選出していた。当人は十二月の道場開催に向けて最初に念仏の経本・数珠・袈裟を用意することから始め、必要な経費調達にかかる。九月の秋彼岸には前年に担当した権現の大法会に参列し、虫供養に必要な法物・道具一式を引き継ぎ、大草の寺院（地蔵寺と慈光寺が十二年交代）に保管してもらった。ただし、「お宝物」といって虫供養巡回を取り決めた元和二年（一六一六）の定板《ていた》と一升枡・五合枡は堂守が預かることになっている。これは「死んでも堂守がもっていなければいけない」「見てもいかん」と言われて、堂守が死守するものという。現在、道場は公民館をあてているが、かつては藁葺きの臨時小屋であった。

十二月十五日午後一時から入仏式法要であった。道場内陣には古仏・新仏と称せられて中央に一尊阿弥陀如来、その右方に高祖弘法大師六字御名号・大日如来・古仏十三仏如来・延命地蔵菩薩・新仏大日如来・新仏地蔵菩薩、釈迦浄土・大僧正六字御名号、左方に三尊阿弥陀如来・聖観世音菩薩・新仏十三仏如来・祐天上人六字御名号・来迎願王（二幅）・聖観世音菩薩・大僧正六字御名号が掛けられるということであったが、近年古仏は借りることができなくなって新仏一〇幅が掛けられた。今上天皇と明治天皇の位牌も安置されている。各幅の前には茶湯とオボコサン（お仏供）、華は正月に「松づくし」（松一式）、普段は菊・ネコヤナギなどの色花を立てるという。外陣《げじん》には鉦を三つ並べ、そのなかの一口に「元文四歳（一七三九）己未三月吉日　京大佛之住　西村左近宗春作」「知多郡十三ケ村念佛講中」と刻まれていた。正面の阿弥陀本尊には五色の糸が結ばれ、これはムラ中に巡らされた晒へと繋がれて善の綱とされている。こうして道場が開かれると、一ケ月にわたって朝晩のオネンブツが午前七時からと午後七時から当人によって勤められ、十二月二十日から一月五日にかけて大野谷他地区の当人が参詣する。念仏は村々によって少しずつ異なっているが、大草の念仏は次のとおりであった。

弥陀念仏会（回）向

懺悔文

仏説摩訶般若波羅蜜多心経

延命十句観音経　観世音南無仏

今上天皇陛下／明治天皇陛下に御会向

高祖弘法大師六字名号様／一尊阿弥陀如来様／三尊阿弥陀如来様に御会向

地蔵大菩薩様／新仏十三仏様／祐天六字名号様に御会向

現世利益和讃（一五首）
来迎願王阿弥陀如来様／聖観世音菩薩様／延命地蔵大菩薩様に御会向
三界萬霊一切の諸精霊に御会向
舎利礼文
念仏

「〇〇に御会《（回）》向」では、「光明遍照　十方世界　念仏衆生　摂取不捨」の後に「なんまいだ〳〵」と念仏が唱えられ、「願以此功徳　平等施一切　同発菩提心　往生安楽国」で区切りとなっている。一月十四日の夜にはオタメシ（お試し）といわれる粥占がある。お粥を煮るとき七、八センチに切った女竹を一緒に入れ、竹に入った粥粒の数によって農作物一二品種の豊凶を占うというものである。昔は『般若心経』を三〇回唱えていると粥ができる、と言われていた。十五日が終わると、十六日朝に「お里帰り」「お在所帰り」といって当人が軸（古仏）を大興寺の土井伝右衛門家へ運んで念仏供養を勤めていたが、現在はなくなっている。

秋彼岸に当番年の村寺院で行われる大法要は、掛軸をかけ一三ケ村の当人が参加して行われる。境内には五寸角、高さ二間ほどの角柱塔婆が立てられ、当番地区と次期当番地区の当人、

図20　阿久比の虫供養

オアミダボウサン（お阿弥陀坊さん）によって塔婆供養がある。昔の塔婆は生木であったという。塔婆供養の念仏が終わると、塔婆の前に飾ってあるお宝物が次期当番の宿元へ引き継がれる。巡回念仏は、一月十七日から十二月十五日までオアミダボウサンによって行われる。オアミダボウサンは、堂守（宿元）経験者のなかから一人に任され、任期はなく「務められるだけ務める」ことになっている。宗派とか僧籍に関係なく俗人である。オアミダボウサンは、リヤカーに乗せた厨子のなかに掛軸・鉦・仏器を入れ、「巡回礼拝日程表」にしたがって一三ケ村の村々を巡回していた。大草の家では、座敷の長押に幕を張り、七、八軸を掛けてオアミダボウサンがお参りした。毎日、オアミダボウサンは自宅と巡回の家を往復していたが、

図21　阿久比の虫供養（小屋）

昭和五十五年に取り決めた「新巡回礼拝日程表」によって月の十四～十七日、二十一～三十一日はオアミダボウサンの自宅供養となった。しかし、今でも一年中休むことなく念仏が唱えられ、お阿弥陀様がどこかで供養されていることに変わりはない。

虫供養行事の起源については、はっきりとしない。大野谷一三ケ村では支配者であった佐治氏が秀吉によって滅ぼされた伝承、『尾張名所図会』には阿久比丸鎮魂供養と農民が田畠の虫を殺すので虫供養する伝承、『阿久比谷供養縁起』（一七五二）には融通念仏の良忍上人（一〇七二～一一三二）伝承、『張州雑志』には天正年中（一五七三～九二）に武田信玄家臣であった青木八郎左衛門が出家して融通念仏を勧めたという法楽太夫伝承などがある。虫供養と称しているのは、各地域とも秋彼岸に大きな塔婆（かつては生木塔婆）を立てて「虫供養塔婆」としていることからであろう。近世、諸仏の絵像が道場や付属小屋に掛けられて開帳されたことから、人びとが群参するようになった。阿久比谷一三ケ村の虫供養では、阿久比開闢如来（阿弥陀）・山越阿弥陀如来・三尊弥陀・十王図・二十五菩薩・十六羅漢図・道元禅師・釈迦如来・御穏居御絵・文殊菩薩・普賢菩薩・元祖圓光大師・一枚起請文、東浦五ケ村では一尊阿弥陀如来（古仏）・十六羅漢図・三尊来迎仏・一尊来迎仏（二幅）・阿弥陀如来座像図・旗軸（一二幅）などの絵像が開帳されている。

こうした行事を「虫供養」と近世以来よんでいるが、各地域の虫供養に共通するのは、阿弥陀如来絵像・念仏・鉦・道場・巡回である。多くの什物画像類はほとんど近世に寄付されて増えたものであるが、そのなかで阿久比谷の「開闢如来」と称せられる阿弥陀如来絵像は中世まで遡ることができる。阿久比谷には写しであるが文亀二年（一五〇二）の「尾州知多郡阿久比之谷古来念仏供養講番輪次之記録」、山越阿弥陀如来の軸裏書に「奉寄進念仏供養本尊知多郡角岡村円月院円舜法印菩提、元和三丁巳八月彼岸中日」、また「元和年中以来英久比月順会仏講番之記月」（元禄十六年〈一七〇三〉）という史料が残っている。「古来念仏供養講番」あるいは「念仏供養本尊」とあるように、もともとは虫供養というよりも阿弥陀絵像を本尊として念仏を唱える行事で、ムラ＝講となって毎月巡回していたものと推測される。念仏には双盤念仏と百万遍念仏、そして消滅したが半田市乙川や成岩常楽寺には四遍念仏（詠唱念仏の名称）の要素があった。どの村でも真宗門徒はこの行事に参加していないが、虫供養のなかでは現世利益和讃が唱えられている。どこかで真宗の念仏が影響を与えたともみられる。秋彼岸に大法要が行われることも共通しているが、これは彼岸の別時念仏であったことから、後に虫供養と習合したのであろう。当番が村々を毎年巡回することはなんとか伝承されているが、毎日巡回する「お阿弥陀坊さん」は大野谷だけである。

融通念仏宗の御回在

融通念仏宗は、大阪市平野区にある大念仏寺を本山とする浄土系の宗派である。この大念仏寺や一部の末寺に、御回在と呼ばれて阿弥陀如来の絵像を巡回させる行事が行われている。湖北のオソウブツや近江八幡の十三仏、知多半島の虫供養行事とも類似した阿弥陀信仰の民俗である。この御回在をたまたま実見したことがあったが、詳しい調査報告と研究は、元興寺文化財研究所を中心に稲城信子氏「融通念仏信仰と『回在』」・「融通念仏信仰の展開」や大澤研一氏「融通念佛宗の六別時について」などによってなされている。こうした研究成果に基づいて、御

図22　御回在

回在行事の概要だけをここでは述べておきたい。
巡回させている絵像は「本尊十一尊天得如来像」と呼ばれるもので、阿弥陀如来の絵像であっても来迎図である。阿弥陀如来が来迎雲と踏み分け蓮台の上に乗り、画面右上から左下に向かって来迎しようとしている。頭部には円光がある。この阿弥陀如来を中心として、周囲にはやはり来迎雲に乗った観音、勢至、持幡菩薩、供華菩薩、ほか六菩薩（楽菩薩）が取り巻いている。来迎図であっても、融通念仏宗特有の構図であるという。御回在とは、この十一尊仏を本山大念仏寺が大和・河内・摂津、あるいは奈良県宇陀市などにある末寺や檀家を巡回させる、というものである。現在は変わってきているかもしれないが、稲城氏の報告には河内回在が三月二日～四月三十一日（六十二日間）、大阪回在が六月二日～六月八日（七日間）、大和回在が九月九日～十二月十七日（九十一日間）という。宇陀市などの回在は「山中まいり」と称され、九月と十一月に村々を回っている。

巡回の目的は、末寺・檀家の追善供養や祈禱のためとなっている。導師・目代（導師の代理）・収納（会計役）の三役と供奉《ぐぶ》人（僧侶）四人・禅門講員四人、総勢一一人が十一尊仏を持って檀家を訪れるのであるが、「一統がかり」「二統がかり」「三統がかり」といって家々での法要に段階が設けられている。十一尊仏を掛けて導師などが『阿弥陀経』を読誦・過去帳の読み上げをする、『阿弥陀経』の代わりに『観無量寿経』真心観文を読誦する、十一尊仏を箱に入れたままで発願文を読誦する、というように違いがある。しかし、どこでも最後に「身体堅固　ナモアミダー」と唱えて、十一尊仏の入った箱で家人の背中を撫でる所作をする。また、荒神祓や井戸祓・墓回向をするところもあるという。このような御回在は本山大念仏寺だけでなく、大念寺（大阪府南河内郡大ケ塚）・来迎寺（大阪府松原市丹南）・宗祐寺（奈良県宇陀市榛原区）・興善寺（奈良市都祁白石町）・来迎寺（大阪府守口市佐太、現在浄土宗）でも行われている。

以上が御回在の概要であるが、かなり広域を組織的に行っている巡回であり、阿弥陀信仰の民俗化した行事であるといえよう。問題はこの十一尊仏は何であり、なぜ巡回させるようになったのか、ということである。御回在は本山大念仏寺の十一尊仏を末寺や檀家に持っていき巡回させるものであるが、十一尊仏そのものは融通念仏宗末寺にかならずあるもので、大念仏寺が末寺に下付したものであった。十一尊仏の成立年代は、十六世紀製作と推定できるものが二、三点あるというものの、裏書からほとんどが十七世紀初期以降の成立である。とくに融通念仏宗第四三代舜空が寛文年間（一六六一～七三）に、また第四六代大通が元禄年間（一六八八～一七〇四）から享保年間（一七一六～三六）にかけて、まとめて下付していることが目立つ。十一尊仏は、在地で信仰していた大念仏衆を大念仏寺の傘下におさめて教団組織化する過程、つまり本末関係形成のときに下されたものであった。一例をあげると、念仏寺（奈良県天理市平等坊）の裏書には次のように記されている。

奉造立融通大念仏速疾来迎
十一仏之尊像御絵写一幅
和州山野辺郡平等坊村
大念仏之道場惣仏　講中敬白
茲旹寛文二壬寅季九月廿一日

摂刕平野
　大念仏本寺
開眼沙門舜空上人（在判）」

大和の「山野辺郡平等坊村」に「大念仏之道場」があって、その「惣仏」本尊として舜空が寛文二年に十一尊仏を下付したのであった。本山には延宝五年（一六七七）の『末寺帳』があり、これは本末関係を形成する際に記録されたものという。近世教団組織としての本末関係は、十八世紀初頭の大念仏寺第四六世大通代にほぼ完成したとされている。

十一尊仏は本尊として下付されたものであったが、葬儀の引導仏としても用いられていた。裏書から判明するはやいものとしては、奈良県天理市常福寺所蔵のもので「弥陀所伝融通念仏／融通本山四十六代／賜紫沙門／大通上人（〈花押〉）／拝書／元禄八乙亥年／五月十三日開眼／億百万偏決定往生／和州山辺郡／小路村／念仏講中／引導仏也」と記されている。宗祐寺（奈良県宇陀市榛原区萩原）には、①本尊、②本仏、③霊仏、④回在仏と四種の十一尊仏があるという。「霊仏」が葬儀に用いられるものである（稲城信子「融通念仏信仰の展開」、内田隆子「十一尊来迎図の展開」）。

4　道場から寺院へ、仏壇へ

真宗の道場

「阿弥陀信仰の民俗」ということで、真宗門徒がオソウブツと呼んでいる阿弥陀絵像と習俗、引導仏としての阿弥陀絵像の歴史、さらに絵像を巡回させている現行民俗の様子を述べてきた。絵像を中心とした阿弥陀信仰は、①本尊としての阿弥陀、②引導仏としての阿弥陀、という二つの信仰的意味と機能をもちながら展開してきた。歴史的にみると形態的には「寺院のなかの阿弥陀」と「仏壇のなかの阿弥陀」に収斂したと考えられる。寺院と仏壇の成立ということから、これまで見てきた阿弥陀信仰をまとめてみよう。

オソウブツは、真宗門徒が葬儀に使用する阿弥陀絵像であったが、もともとは真宗寺院が成立する以前の道場本尊であった。真宗の場合は、道場が寺院の前姿形態であった。本願寺第三代覚如の『改邪鈔《がいじゃしょう》』（一三三七成立）九条にはそうであるから、祖師聖人が世に生存していた昔、念入りに一流の教えを直接面と向かって受けられたご門弟たちには、堂舎を建てる人はありませんでした。ただ、道場といって、少し普通の家屋と区別するため小棟をあげて造るまではよいと、それとなくお誡めがありました。

とある。普通の住居に少し棟を高くした程度のものが道場であった。このあとの文章には、ご遺訓に遠ざかる人びとの世の中になって、造寺土木のくわだてに及ぶ者もでてきたが、それは「仰せに違する至り、なげきおもうところなり」と記されている。しかし、寺院を建立できたものは資財のある一部の者に限られており、多くの念仏者が結集する場は民家とかわらない道場であった。こうした形態が一般的であったとみてよい。「道場」はかならずしも真宗だけのものではなく、たとえば一遍の時衆においても「七条道場」「四条道場」というように使われていた。念仏修行の場を意味する用語であり、念仏者が結集する場としての建物を示すようになった。とくに、出家することなく在俗のまま真宗の教えを信じて信仰生活を送る念仏者にとって、道場がもっともふさわしい形態であったろう。

蓮如が登場する十五世紀なかばまで、真宗の道場も宗派・本尊・僧侶が今日みるような一体

図23　富山県南砺市相倉の西道場

ではなかった。初期真宗の展開をみていくと、親鸞の門弟たちを中心とした門流としての念仏集団であった。本尊も固定されておらず、九字・十字名号《みょうごう》や光明本尊・先徳連坐像・来迎様式の阿弥陀如来絵像というようにさまざまであった。僧侶は、半僧半俗のいわゆる「毛坊主」であったのである。こうした初期真宗の門流を中心とした念仏集団に対して、蓮如は名号や方便法身《ほっしん》尊像と呼ばれる本願寺様式の阿弥陀如来絵像を次々と下付し、門流を糾合して教団を形成していった。実質的な教団組織化は実如代のことであるが、蓮如に帰依して真宗門徒になった人びとが爆発的に増加し、蓮如や実如から下付された名号や阿弥陀如来絵像を本尊として祭祀する道場も全国の村々に広まったとみられる。地域のなかで多くの門徒をかかえた坊主は寺院を成立させたが、それでもなお、近世初期の段階まで道場形態が一般的であったとみてよい。

蓮如は「御木像よりは絵像、絵像よりは名号」と本尊祭祀について語っているが、実際は逆の名号から絵像（方便法身尊像）へ、絵像から御木像（御木仏《もくぶつ》）へ、というのが本尊祭祀の形態変化であった。蓮如や実如、あるいは証如などによって下付された名号を道場本尊としたところもあったであろうが、さらに絵像本尊も下付されて、多くの場合この方便法身尊像が御木仏以前の道場本尊であった。その裏書のなかには、しばしば「惣道場」と記されているものがある。長禄四年（一四六〇）、蓮如が下付した善立寺蔵（滋賀県守山市金森町）の方便法身尊号には

図24　川合道場の本尊（福井県大野市）

「江州野洲南郡金森惣道場本尊」、蓮如が河野門徒に文明十八年(一四八六)下付した方便法身尊像には「尾張国葉栗郡上津間庄本庄郷河野惣道場」とある。大阪府門真市にある願得寺周辺の有力門徒が結んでいる「古橋惣仏講」所有の絵像本尊は、実如が永正六年(一五〇九)に下付したもので、「茨田郡十七ケ所普賢庄/古橋惣道場物也」と記されていた。これらは地域内の門徒が共同して建立した道場であり、門徒が惣結合していた結集の場としての惣道場であり惣仏であったと捉えられる。こうした性格の惣道場は、近世になっても各地にみられた。

真宗の道場といっても形態や名称がさまざまで、これまで述べてきた惣道場のほかに道場・立合(寄合)道場・表裏立合道場・毛坊道場・別当道場・辻本道場・下道場・兼帯道場・内道場・家道場・講道場・自庵・看坊・法名元・本尊元などがあり、門徒の総意によって成立したものが惣道場、毛坊主が道場主であるものが毛坊道場、民家の一部にあるものが内道場・家道場である。辻本は厨子元の転訛と考えられ、名号や絵像本尊を安置する厨子のある家を意味する。このような道場は、いずれも真宗寺院の前姿形態として捉えられるものであり、道場役・毛坊主・ボンサマ・オ坊サマなどと呼ばれた在俗の宗教者が主宰・管理してきた。消滅しつつあるがいまなお山間の真宗門徒の村に残されている。

真宗寺院の成立

村々にある真宗寺院は、いつ成立したか。一般的には、本山から木仏本尊を下付されると同時に寺号も免許されるところが多かった。この道場が寺院化した時期については、『申物帳《もうしものちょう》』の分析から推定されている。寺号免許の全般的動向は、元和（一六一五〜二四）末期に一度ピークになり、そして寛永期（一六二四〜四四）に次第に減少しながら正保・慶安年間（一六四四〜五二）に最低となる。しかし、承応（一六五二〜五五）からまた増加しだし、寛文（一六六一〜七三）中期には元和期のピークをしのぐ増加となったという。大桑斉氏は、この理由について次のように説明している。寛永期は中世土豪の系譜をもつ大百姓が分解・没落し始めた時期で、それまで一族一門の菩提所として屋敷内にあった辻本看坊形態の道場が自立して寺院化した。それは幕藩制成立による小農民自立策と関係しており、寛永期のきびしい収奪は坊主と百姓という未分化の状態であった道場と道場主が、寺院化して坊主一本になるか百姓になるかという選択を迫られたのであった。この時期、まだ「檀家」は成立していない。寛永期の寺号免許が頭打ちになったのは、こうした辻本看坊道場の自立化がピークを超えたことを意味している。これに対して、承応以降の増加は新たに成立してきた小農民を経済的基盤として、近世の平均的本百姓群が精神的紐帯として開創した惣道場が寺院化をはかった時期であったという。また、寛永時は大百姓的様相の寺院と小百姓的道場が併存し、大百姓の自庵としての寺院が村の惣百姓持ちの村惣堂＝惣道場に転換することもあった。こうした近世真宗寺院が成立する動向は、尾張地方でも同じであった。尾張の真宗寺院四四〇ケ寺を、その阿弥陀如来絵像と木仏本尊の下付年代から分析したところ、蓮如・実如・証如・顕如といった十五世紀から十六世紀にかけて創建された道場が、宣如（一六〇四〜五八）から常如（一六四一〜九四）にかけての時期に木仏・寺号免許となって寺院化している。道場が集中して寺院化したのは、元和から寛文までの時期であるが、浄土宗の寺院成立が天正（一五七三〜九二）から寛永にかけての七十年間に集中していたことと比べるとき、道場から寺院化した真宗寺院の成立時期は三十年から五十年遅かったとみられる。

挽道場と定堂化

道場が発展して寺院化する形態は、融通念仏宗の場合も同じであった。融通念仏宗の本山である大念仏寺の成立について、基本史料である延宝五年の『末寺帳』によると「此の上人（第三六世良説道和上人のこと）代まで大念仏寺の堂、代々上人の在処挽道場なり。元和元乙卯、平野庄御代官末吉孫左衛門殿に寺地を申請し摂州平野庄に堂を建立す。以後、他地へ移らず。ただし寺地は年貢在り」とあって、元和元年まで堂宇が移動する「挽道場《ひきどうじょう》」であったという。また、大念仏寺の住持も六別時という念仏講集団が鬮によって選出する方法がとられていた。六別時とは下別時・八尾別時・十ケ郷別時・錦部別時・石川別時・高安別時のことで、法明寺（廃絶・旧河州若江郡若江村）・良明寺（廃絶・旧摂津住吉郡平野庄）・来迎寺（大阪府松原市丹南）・極楽寺（大阪府河内長野市古野）・大念寺（大阪府南河内郡河南町大ケ塚）・高安寺（廃絶・旧河州高安郡水越村）が中心となっていた。こうした寺院のことを辻本寺院などと称している。六別時の辻本寺院も、大念仏寺と同じように堂が固定されていない挽道場の形態で、たとえば石川別時の大念寺など慶長十二年（一六〇七）まで寺号はなく、「道場辻本」と称していたという。六別時ではないが、円光寺（大阪府橿原市円明町）の十一尊仏裏書（一六六五）には「円光寺惣仏檀那中安置之」とあり、円光寺は延宝五年の『末寺帳』に「住持は代々講中一臈持、御札持にてはこれなし。当住持の祐西禅門は妻帯、十一年以前丁未に入院す。この時、往古より挽道場にこれ在り。但し村中ばかりで他村に移らず」と記されている。

「辻本」という表現について明確な説明がないが、「厨子元」という言葉が訛ったものだとすれば、惣仏である本尊を安置する厨子あるいは荘厳具一式があって、これを講中の長老・有力者の住居に移動させていた形態を「挽道場」「道場」と呼んでいたと考えられる。そして、移動をやめて固定させたことが「定堂化《ていどうか》」で道場からの寺院化であった。六別時の辻本は、念仏集団を代表する中心的な存在で在家僧＝毛坊主であったという。別時は辻本を頂点にして、その下に村単位などの念仏講を代表する講中がいた。講中は講の組織をさすのではなく、講の有力者である講頭的な人のことをさしていたようで、地域のなかにいくつもの講があって、その講中が寄り合い、鬮によって辻本を選出するという方式であった。この六別時の辻本が集まり、また鬮で選出された者が大念仏寺の住持になったのである（大澤研一「融通念佛宗の六別時について」）。

このように融通念仏宗の場合も、地域のなかに辻本などと呼ばれた毛坊主と念仏集団があって、真宗と同じように道場から寺院化したのであった。先に、阿弥陀絵像を巡回している民俗事例としてあげた近江八幡の十三仏や知多の虫供養なども、村単位とする念仏集団であり道場であった。しかし、これは寺院化できなかったもので、近世的な形態のまま今日まで伝承され残存したものであろう。

道場から仏壇へ

次に仏壇はいつ、どのようにして成立したのかをみてみよう。真宗の仏壇は、金箔が施され、

図25　三河仏壇

正面の本尊は宮殿《くうでん》とよばれるなかに安置されている。左右には宗祖親鸞の絵像と本願寺第八世蓮如の絵像、もしくは九字名号と十字名号を脇掛とする。本尊前には上卓《うわじょく》があって火舎香炉と華瓶《けびょう》、その下の前卓《まえじょく》には花《か》瓶《ひん》と燭台そして土香炉が置かれる。法事やお取り越しと呼ばれる在家報恩講とも

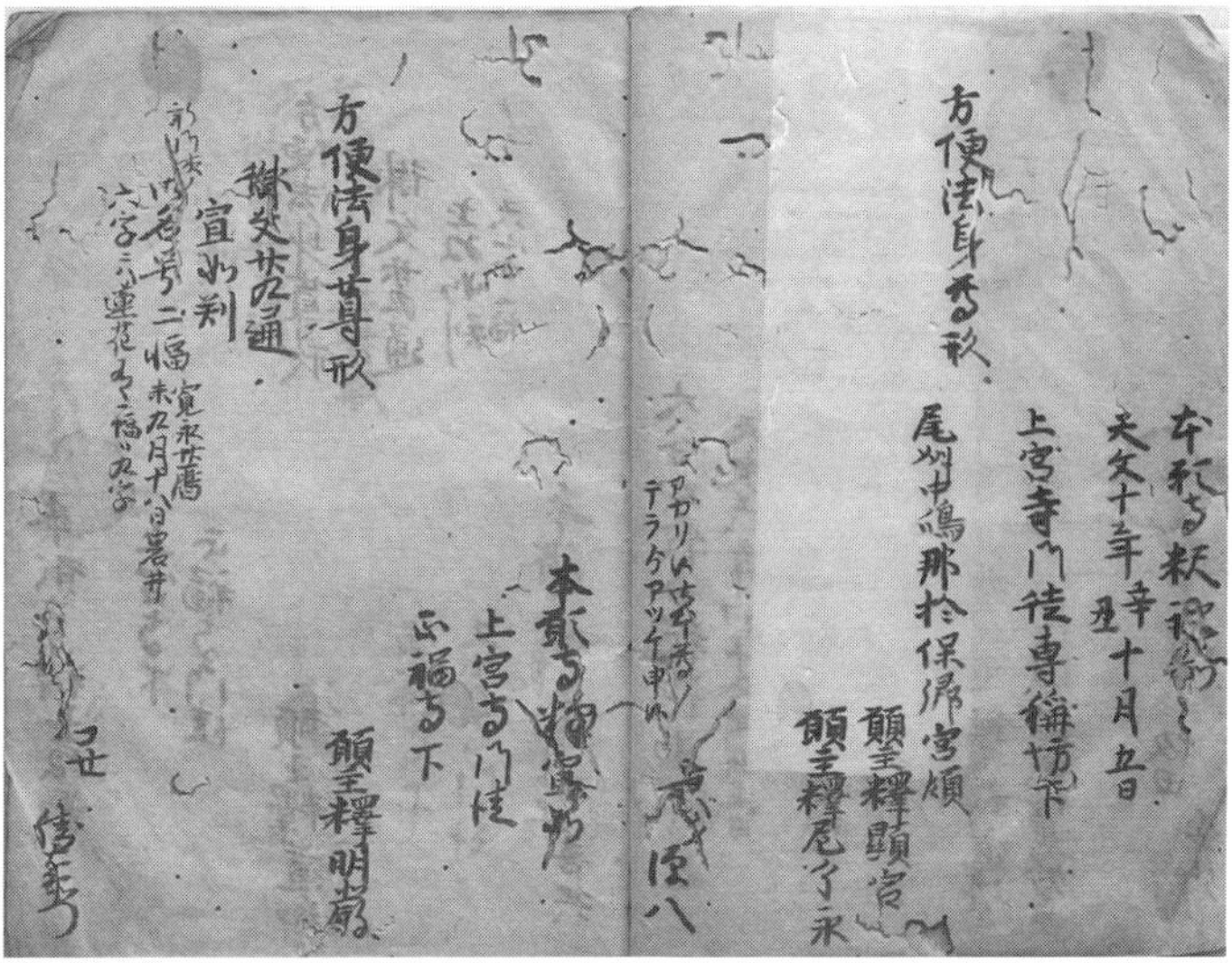

図26　御本尊之帳（愛知県一宮市・正福寺）

なると、金襴の打敷《うちしき》が上卓と前卓に掛けられ、供笥《くげ》にはお華束《けそく》のお餅が盛られたりする。死者の法名軸は仏壇の側面などに掛けられ、繰り出し位牌の場合は中段の脇壇に安置している。これはいわゆる工芸的な仏壇であって、尾張仏壇・三河仏壇・京仏壇・彦根仏壇・長浜仏壇・金沢仏壇・高岡仏壇・飯山仏壇といわれるように、生産地によって特色あるものになっている。このような仏壇が成立するには、尾張仏壇の場合「八職」といって、木地師・お宮殿師（荘厳師）・彫刻師・塗師・箔置師・蒔絵師・内金物師・表金物師という職人による分業生産体制の確立が必要であり、十七世紀半ば以降、元禄期ごろとされている。

では、この工芸的な仏壇以前、真宗門徒は

本尊をどのように祭祀していたのか。このことを具体的に教えてくれるのが、正福寺（愛知県一宮市・真宗大谷派）所蔵の『御本尊之帳』である。表紙に「御本尊之帳　正福寺／寛永貳暦乙／九月廿五日丑」と記され、寛永二年（一六二五）成立とみられるが、年代的には大永四年（一五二四）から元禄十五年（一七〇二）までの内容となっている。これは正福寺第六世了智（元禄六年没）が中心となり、門徒宅の本尊を調べて書き上げたものであった。絵像本尊の裏書だけでなく在所名・俗名・御文《おふみ》や名号の有無、あるいは所蔵者などの移動に関わる注記まで記載されていて、かなり詳しくこの時期の状況を知ることができる。一例を示すと次のとおりである。

本願寺釋宣如
上宮寺門徒
正福寺下
願主釋明厳
方便法身尊形
御文廿九通
宣如版
新門様ノ

御名号二幅　寛永廿暦
未九月十八日岩井
六字ニハ蓮花有一幅ハ九字
コセ
勝右衛門

これによると勝右衛門宅には、宣如下付の方便法身尊形の絵像本尊に二九通の御文、脇掛として新門（琢如）筆の六字と九字の名号が掛けられていた。寛永二十年九月十八日に「岩井」とあるが、「岩井」は「祝い」であって、この年に今でいう仏壇開きの法要を行ったということであろう。他の箇所には「御名号持仏堂御祝」ともあるので、名号を本尊とする家もあった。注記などをみると、本尊について「寛文十三丑四月十五日岩井フルキヲカイトル、西光坊起／次右衛門」「今ハ五ツ屋兵左ニ有」「高田村勝右衛門ニ渡、今ハ甥角兵ニ有」などとあり、祭祀していた者が亡くなった後に本尊が移動したりする場合もあったようで、「家」に固定されたものではなかった。

記載されたものを整理すると、方便法身尊形九三点、親鸞聖人御影二点、蓮如上人真影二点、教如上人真影二点、木仏尊像一点、名号三点、持仏堂祝三点、合計一〇六点であった。方便法身尊形の絵像本尊は、宣如代（一六一四～五三）に本尊下付されたものが多く、ついで一如代（一六七九～一七〇〇）の下付、教如・宣如・琢如・常如・一如下付をあわせると一〇六点中九一点で八五・八％となる。御文の記載も二三点あり、教如下付の方便法身尊形に同じく教如判の御文のもの四点、宣如下付の方便法身尊形に宣如判の御文八点あって、教如のころから絵像本尊下付と同時に御文も下付されていたことがわかる。

　門徒へ下付された絵像本尊などが、どのように安置され祭祀されたかを考えるとき、手がかりとなるのが「持仏堂祝」と記載されたものであろう。持仏堂というと屋敷地内に独立して建てられたお堂で、仏像などを安置している形態をイメージするが、かならずしもそうではない。元禄期の浮世草子『好色万金丹』巻五には「間中の床に遊女の姿絵の掛物、其脇に円窓あり。此内持仏堂なるにや、灯の影幽かに名の木の匂ひほのかに」「仏壇の下より三味線取出し」とあり、『傾城《けいせい》禁短気』巻三には「仏になって持仏堂に、抹香喰てゐらるる親仁を言立てにして」などとある。文化年間（一八〇四～一八）に屋代弘賢《やしろひろかた》が諸国に送った風俗問状の回答には「盆供は、十三日夕くれより、家々門々を掃除し、（中略）念入候人は、先祖の紙牌をも立て候。多くは持仏壇にて仕候」（「備後国福山領風俗問状答」）などとある。近世を通じて持仏堂などという表現はみられ、仏間や仏壇のことを意味していた。

正福寺の『御本尊之帳』には元禄十五年までの記載があったが、この時期は工芸的な仏壇が一般に普及しだすころであった。したがって、教如代（一六〇二〜一四）や宣如代に下付された絵像本尊などは仏間に掛けられたり、仏壇であってもまだ工芸的なもの以前の簡単な箱仏壇あるいは厨子に安置されたものと推測される。記載された在所名から、一つの村で何軒の家が本尊をもっていたかをみたところ、毛受村（愛知県一宮市）では宣如下付の方便法身尊形を長兵衛と孫左衛門、八ツ切六字名号を勝左衛門が祭祀していたにすぎない。わずか三軒である。村のなかでも一定階層の有力門徒家であったろう。

真宗寺院の多くは、近世初期に道場から寺院化して成立した。正福寺の場合、『正福寺由緒書』によれば、往古天台宗で専称坊と号していたが、第一世了西代に三河上宮寺と本末関係になり、蓮如から六字名号を下付されて本尊とした。続いて「大本絵之本尊　実如上人之御時御免」とあるから、絵像本尊を下付されて道場本尊とした。第三世了善代の天正十年（一五八二）、顕如から証如上人真影を下付されたが「専称坊」宛になっていてまだ正福寺を名乗っていない。寺号を称するようになったのは、慶長三年（一五九八）に教如から本願寺親鸞聖人御影を下付されたときからであった。第六世了智代、寛文四年（一六六四）には太子・七高僧絵像を下付されている。こうした名号や本尊・御影類の下付経過は、正福寺の道場から寺院へという歩みそのものであった。

一方、正福寺が道場から寺院化していく段階で門徒へも本尊が下付されていった。この門徒家に安置された阿弥陀如来の絵像本尊と仏間も、やはり「道場」であったと捉えられる。村のなかで毎月の講行事や報恩講が行われるとき、絵像本尊を祭祀している家の仏間に同行たちは結集したに違いない。しかし、この門徒家の「道場」(仏間＝持仏堂)は、もはや寺院へ発展することはできず、仏壇へと形態的には収縮していったのである。蓮如以降、中世末期に成立した家道場は村の惣道場になり、村切りによって近世村が成立する段階で寺院化したが、『御本尊之帳』に記載される一般門徒の家道場には寺院化する可能性はもはやなかった。その背後には、近世幕藩体制の確立にあたって、寺請制度と寺檀制度、僧俗という身分の分離という理由があった。

真宗寺院と仏壇の成立を考えるとき、形態的には道場が発展して寺院が成立したの対して、道場が収縮して成立したのが仏壇であった。具体的信仰対象である阿弥陀絵像は、寺院と仏壇のなかに安置され納まったのである。しかし、第一章でみた「阿弥陀信仰の二面性――ホトケと仏」の問題は、依然として解決されないまま残存することになってしまった。阿弥陀信仰がもっている二面性は、寺院と仏壇がそれぞれ持っている二面性と同じであり、阿弥陀如来にみずからの救済を求める信仰なのか、あるいは死者・先祖祭祀の信仰なのか、ということである。阿弥陀信仰は、「死」と不可分に結びついて歴史的に展開してきた。臨終行儀と往生、引導仏としての阿弥陀である。浄土へ願生したいという救済としての阿弥陀信仰も、「死」という臨終を介してのことであったから、真宗門徒であっても阿弥陀絵像が葬送儀礼に用いられたのも当然のことであったといえよう。

エピローグ――日本人の阿弥陀信仰とは

「阿弥陀」とは何なのか、「阿弥陀信仰」とは何なのかということを求めて、これまで三つの視角から述べてきた。

第一章「仏壇の阿弥陀如来と行事」では、真宗門徒の仏壇や講行事に展開されてきた阿弥陀信仰の姿をみた。真宗仏壇に安置されている本尊・阿弥陀如来の前に日々供えられるお仏飯《ぶっぱん》の意味、報恩講をはじめとする地域社会の講行事と御座の開催など、そこには如来大悲の恩徳に報いる報謝行としての儀礼と門徒の阿弥陀信仰が伝承されていた。しかし、また一方で仏壇のなかには死者・先祖の象徴的祭具である位牌や遺骨が安置され、仏壇における「もう一つの本尊」ともいうべき信仰が存在している。真宗門徒は救済としての阿弥陀如来に詣っているのか、それとも死者・先祖に詣っているのかという「ホトケと仏」の問題、つまり阿弥陀信仰の二面性があった。

第二章「往生と阿弥陀信仰」では、歴史的に溯って往生と臨終行儀という、死に関わる阿弥陀信仰の様相と展開を追求した。阿弥陀の「浄土」に対してもそうであるが、人間は阿弥陀如来にどう向き合い対峙してきたのであろうか。一つには、阿弥陀を自分の現前に見ようとする「見仏」の信仰であった。阿弥陀に出遇おうとひたすら西に向かって歩き続けた源大夫や四天王寺の西門信仰、往生伝や藤原道長にみられた臨終行儀と来迎する阿弥陀への期待は、臨終という現世と来世の結節点ではあるが「この世」に阿弥陀を見ようとしたことにほかならない。阿弥陀に出遇い、見仏によってみずからの往生と救済が確証されたのであろう。奇瑞は、死にゆく者と現世を生きる者にとって、往生したこと、往生できることの証《あかし》であった。「生身《しょうじん》の阿弥陀」信仰は、より現世に引き寄せられた阿弥陀信仰の姿であったといえる。さらに、迎講《むかえこう》で阿弥陀像のなかに人間が入って登場したことまであった。見仏信仰の行き着いた極みであったといえよう。こうした人間の側から阿弥陀を見ようとする信仰に対して、阿弥陀から人間を見ようとした阿弥陀信仰が生成してきた。「有相《うそう》の阿弥陀」から「無相の阿弥陀」への転換であった。阿弥陀は光明であり、智慧のはたらきであり、南無阿弥陀仏（名号）という方便法身となって、人間であるこの「私」にはたらきかけているという展開であった。阿弥陀が「南無阿弥陀仏」になったのである。救済とは、光明によってみずからの無智が破られ、新しい境地が開かれることであった。これが「阿弥陀に遇う」ということでもあった。

第三章「阿弥陀絵像の民俗」では、真宗門徒のオソウブツと呼ばれる習俗と阿弥陀絵像を糸口にして、念仏集団の本尊である阿弥陀絵像が、葬送儀礼に関与して引導仏の役割を果たしてきたのではないかと述べた。往生伝や道長の臨終儀礼・引導仏は、初期真宗の阿弥陀絵像などの一部に、また『法然上人行状絵図』や近世往生伝のなかにもみることができ、中世・近世を通じて現在まで底流してきた阿弥陀信仰である。阿弥陀の絵像を巡回させる民俗についても言及した。もともと阿弥陀絵像は念仏信仰集団の「惣仏」であり道場本尊であったが、近世教団体制確立のなかで道場は寺院化し、阿弥陀絵像は木仏《もくぶつ》本尊にかわっていった。これは真宗だけでなく、融通念仏宗でも同じであった。六別時をはじめとする在地大念仏衆に十一尊仏が下付されて教団組織化され、挽道場が定堂《ていどう》化して寺院化した。近江八幡の十三仏や知多の虫供養などは、「村の惣仏」としての阿弥陀絵像であり、寺院化できなかった近世的念仏集団の阿弥陀信仰であり行事と捉えられよう。道場が発展して寺院化したのに対して、形態的に道場が収縮して成立したのが仏壇であった。阿弥陀絵像は寺院と仏壇に納まり、阿弥陀信仰がもっていた「ホトケと仏」「救済と死者祭祀」という二面性は、寺院と仏壇に引き継がれ今日に至ったのである。

さて、右のように内容をまとめてみたが、「阿弥陀信仰とは何か」という問いに対する答えはなにもない。阿弥陀信仰の内容は多様であり、本書で取りあげたものも一部に過ぎない。それでもなお、問わねばならない。阿弥陀とは何か、阿弥陀信仰とは何か、と。彼岸に阿弥陀を求めるにせよ、現実に阿弥陀を求めるにせよ、阿弥陀信仰とはこの「私」が救われることである。仏道を歩む者にとって、生きることも、死ぬことも、すべてが阿弥陀のなかにあることなのであろう。

世界遺産で知られる五箇山の赤尾（富山県南砺市）で一生を送った道宗《どうしゅう》は、みずからの阿弥陀信仰を「道宗心得二十一箇条」として残している。文亀元年（一五〇一）十二月二十四日に思い立って書き記したのであった。その第二十一条に次のものがある。

一　あさましのわかこゝろ《我が心》や、こしやう《後生》の一大事をとけへき事ならは、いちめい《一命》をも、ものゝかす《数》ともおもわす、おう《仰》せならは、いつくのはてへなりとも、そむき申ましきしんちう《心中》なり、又たう《唐》てんちく《天竺》へなりとも、もとめたつね《求め尋ね》まいらせ候はんとおもふ心にてあるものを、これほとは、おも《思》ひきりたるわか心にてあるに、おうせにしたかい、うしろくらくなく、ほうき《法義》をたしなみ候はん事は、さてやす《易》きことにてはなきかとよ、かへす〳〵わかこゝろ、こんしやう《今生》は一たんなり、いまひさ《久》しくもあるへからす、かつ《飢》へても死に、又はこゝへ《凍》もしね、かへりみすこしやう《後生》の一大事ゆたん《油断》してくれ候な、わかこゝろゐかへす〳〵いま申ところたか《違》わす、身をせめてたしなみきり候へし、かへす〳〵御おきて《掟》

はつと《（法度）》をそむかす候て、しかもないしん《（内心）》にわ、一ねん《（念）》のたのもしさありかたさをたもち候て、けさう《（外相）》にふかくつゝしめ申てくれ候へ、わか心へ

道宗

あさましいわが心よ、後生の一大事を遂げることができるならば、一命をかけてもよい、善知識の仰せならいずこのはて、唐・天竺へまでも仏法を求め尋ねていく、そこまで覚悟を決めている。そして、そんな自分の覚悟と比べてみれば、如来の仰せにしたがって一心一向に法義をたしなむことは、たやすいことではないか、よく考えてくれわが心よ、今生《こんじょう》は一端の浮生、いつまでもおれる世ではない、たとえ餓《う》え死んでも凍《こご》え死んでもかまわない、どうか後生の一大事を油断してくれるな、わが心よ、かえすがえす、いま申したところに違えることなく、わが身を責めてたしなみぬいてくれよ、どこまでも御掟・法度にそむかず、内心には一念帰命の信心のたのもしさ、ありがたさを持ち、外の相には深く慎むようにしてくれ、わが心よ、

道宗は蓮如に帰依した真宗門徒であった。五百余年前、山深い五箇山の地にあって、一命をかけて唐・天竺までも仏法を求めていくという。どこまでも如来の仰せに従うという。「今生

は一端の浮生、いつまでもおられる世ではない」と述べ、現世を相対化して否定している。現世を否定するとは、現実に生きている「私」をもう一度、否定することなのであろう。それは、「私」も、「私の死」をも超えて阿弥陀に出遇ったからこそ言い切ることができたのではないか。五箇山からは、多くの門徒が本願寺と織田信長が戦った石山合戦にでかけて死んでいる。本書では触れることができなかったが、一向一揆における門徒の阿弥陀信仰とは何であったのか。阿弥陀信仰には、時代と社会を超えていく、権力を相対化して現実を否定し超えていく力があった。

最後に、現代における阿弥陀信仰はどこにあるのであろうか。現代にあっても、人間であるかぎり、人はかならず死ななければならない。しかし、葬儀は葬祭業者に委ねられてしまった。葬儀壇に阿弥陀絵像が本尊として安置されていても形ばかりで、家族や参列者は位牌や遺影に向かって拝んでいる。家族葬や「孤独死」「無縁死」も多くなった。「往生」は完全に死語となり、臨終行儀は意味を失った。「死」の意味は失われ、世俗化した「私の死」になってしまったのであろう。寺院や仏壇を中心とする阿弥陀信仰も同じである。死者を弔い、先祖を祀る祖先信仰はいまなお生きているが、阿弥陀信仰は日本人の祖先信仰を否定するのではなく、超えていくものではないか。

引用・参考文献

第一章　仏壇の阿弥陀如来と行事

・伊藤唯真『日本人の信仰　未知へのやすらぎ阿弥陀』、佼成出版社、一九七九年。
・伊藤唯真編『阿弥陀信仰』民衆宗教史叢書⑪、雄山閣出版、一九八四年。
・元興寺文化財研究所『當麻寺民俗資料緊急調査報告書』、一九七二年。
・元興寺文化財研究所編『日本浄土曼陀羅の研究』、一九八七年。
・元興寺文化財研究所『中将姫説話の調査研究報告書』、一九八三年。
・須田勝嶄仁「当麻寺の迎講――擬死再生儀礼から来迎会儀礼へ」（『尋源』三三、一九八二年、伊藤唯真編『阿弥陀信仰』所収）。
・蒲池勢至「信仰」（新修名古屋市史報告書3『下之一色地区民俗調査報告書』第十二章、一九九八年）。
・蒲池勢至『真宗民俗の再発見』、法藏館、二〇〇一年。
・蒲池勢至「神仏の講集団」（『八開村史　民俗編』第八章第三節、一九九四年）。
・蒲池勢至「門徒もの知らず――真宗の葬送儀礼と脱落した習俗――」（神谷幸夫・斎藤卓志編『葬送儀礼と祖霊観』、光出版、一九九三年）。
・豊原大成『真宗表白集　一』、法藏館、一九九三年。

第二章　往生と阿弥陀信仰

・新古典文学大系36『今昔物語集四』、岩波書店、一九九四年。
・川岸宏教「釈迦如来転法輪所・当極楽土東門中心」（『日本佛教学会年報――佛教における浄土思想――』第四二号、一九七七年）。
・梅谷繁樹『中世遊行聖と文学』「四天王寺西門信仰をめぐって――『一遍聖絵』の一コマの絵を解く――」、桜楓社、一九八八年。
・永井義憲『日本仏教文学研究』第二集・第三編「四天王寺と梁塵秘抄」、豊島書房、一九六七年。
・井阪康二「天王寺が極楽土の東門といわれる理由について」（『御影史学論集』二〇、一九九五年）。
・関口忠男「『日本往生極楽記』の浄土往生思想をめぐって―平安時代浄土往生思想の一考察」（古典遺産の会編『往生伝の研究』、新読書社、一九六八年、伊藤唯真編『阿弥陀信仰』所収）。
・原典日本仏教の思想4『源信　往生要集』、岩波書店、一九九一年。
・比叡山専修院・叡山学院『恵心僧都大全集』第一巻、比叡山図書刊行所、一九二七年。
・日本の名著4『源信』、中央公論社、一九七二年。
・伊藤真徹『平安浄土教信仰史の研究』、平楽寺書店、一九七四年。
・橋川正「平安時代における法華信仰と弥陀信仰――とくに『法華経験記』と往生伝の研究を中心として――」（同『日本仏教文化史の研究』、中外出版、一九二四年、伊藤唯真編『阿弥陀信仰』所収）。
・日本思想大系『往生伝　法華験記』、岩波書店、一九七四年。

・志村有弘『往生伝研究序説――説話文学の一側面』、桜楓社、一九七六年。
・西口順子「浄土願生者の苦悩――往生伝における奇瑞と夢告」（古典遺産の会編『往生伝の研究』、新読書社、一九六八年、伊藤唯真編『阿弥陀信仰』所収）。
・成田俊治「異相（捨身）往生についての一・二の問題――往生伝類を中心に――」（井川定慶博士喜寿記念会『日本文化と浄土教論攷』、一九七四年）。
・石橋義秀「平安期における来迎信仰の展開」（『仏教文学研究』一〇、法藏館、一九七一年、伊藤唯真編『阿弥陀信仰』所収）。
・田村芳朗「来世浄土と阿弥陀仏――浄土念仏の二要素――」（『印度学仏教学研究』三〇―一、一九八一年、伊藤唯真編『阿弥陀信仰』所収）。
・福山敏男『平等院と中尊寺』日本の美術九巻、平凡社、一九六四年。
・図録『藤原道長　極めた栄華・願った浄土』金峯山埋経一千年記念特別展覧会、京都国立博物館、二〇〇七年。
・『国史大辞典』「金峯山経塚」項目、吉川弘文館、一九八四年。
・新編日本古典文学全集32『栄花物語』②、小学館、一九九七年。
・薗田香融「山の念仏――その起源と性格――」（藤島達朗・宮崎圓遵編『日本浄土教史の研究』、平楽寺書店、一九六九年、伊藤唯真編『阿弥陀信仰』所収）。
・新古典文学大系30『日本霊異記』、岩波書店、一九九六年。

・新古典文学大系31『三宝絵　注好選』、岩波書店、一九九七年。
・関信子「〝迎講阿弥陀像〟考Ⅰ――当麻寺の来迎会と弘法寺の迎講阿弥陀像――」（『佛教藝術』二二一、一九九五年七月）。
・関信子「〝迎講阿弥陀像〟考Ⅱ――当麻寺の迎講阿弥陀像――」（『佛教藝術』二二三、一九九五年一一月）。
・関信子「〝迎講阿弥陀像〟考Ⅲ――米山寺と誕生寺の迎講阿弥陀像――」（『佛教藝術』二二四、一九九六年一月）。
・関信子「〝迎講阿弥陀像〟考Ⅳ――迎講阿弥陀像造立の背景と浄土教芸術に与えた影響――」（『佛教藝術』二二八、一九九六年九月）。
・奈良国立文化財研究所『俊乗房重源史料集成』、吉川弘文館、一九六五年。
・図録『大勧進　重源』、奈良国立博物館、二〇〇六年。
・生駒哲郎「中世生身信仰と仏像の霊性――重源の仏舎利信仰を中心に――」（中尾堯編『中世の寺院体制と社会』所収、吉川弘文館、二〇〇二年）。
・中尾堯『中世の勧進聖と舎利信仰』、吉川弘文館、二〇〇一年。
・図録『仏像――胎内の世界――』、滋賀県立琵琶湖文化館、一九九九年。
・吉原浩人「善光寺如来絵伝」（『真宗重宝聚英』第三巻・総説、同朋舎、一九八九年）。
・池田勇諦「真宗学」講義ノート。
・橘俊道・梅谷繁樹『一遍上人全集』、春秋社、一九八九年。

・竹村牧男『親鸞と一遍』、法藏館、一九九九年。
・中村元『佛教語大辞典』、東京書籍、一九七五年。

第三章　阿弥陀絵像の民俗

・蒲池勢至「オソウブツ再考――湖北地方を中心にして――」(『仏教史学研究』38―2、一九九五年、『蓮如方便法身尊像の研究』再録、法藏館、二〇〇三年)。
・脊古真哉「湖北の真宗道場――方便法身尊像の機能を手がかりに――」(『宗教民俗研究』六、一九九六年)。
・『近畿の葬送・墓制』、明玄書房、一九七九年。
・『旅と伝説』誕生と葬礼号、一九三三年。
・『琵琶湖総合開発地域民俗文化財特別報告書』一、滋賀県教育委員会、一九七八年。
・信仰の造形的表現研究委員会『真宗重宝聚英』第三巻・阿弥陀仏絵像・阿弥陀仏木像・善光寺如来絵伝、同朋舎出版、一九八九年。
・光森正士「阿弥陀仏像」(『真宗重宝聚英』第三巻総説、同朋舎出版、一九八九年)。
・信仰の造形的表現研究委員会『真宗重宝聚英』第一巻・名号本尊、同朋舎出版、一九八八年。
・宮崎圓遵「真宗本尊論序説」(『真宗重宝聚英』第一巻、同朋舎出版、一九八八年)。
・信仰の造形的表現研究委員会『真宗重宝聚英』第八巻・高僧連坐像、同朋舎出版、一九八八年。
・信仰の造形的表現研究委員会『真宗重宝聚英』第二巻・光明本尊、同朋舎出版、一九八七年。

・千葉乗隆「摂取不捨曼陀羅について」（日野昭博士還暦記念会『歴史と伝承』、永田文昌堂、一九八八年）。
・津田徹英『中世真宗の美術』日本の美術四八八号、至文堂、二〇〇七年。
・蒲池勢至「親鸞の信心・門弟の信仰――阿弥陀信仰と太子信仰」（草野顕之編『信の念仏者　親鸞』日本の名僧8、吉川弘文館、二〇〇四年）。
・続日本絵巻物大成1『法然上人絵伝　下』、中央公論社、一九九〇年。
・中井真孝『法然絵伝を読む』、思文閣出版、二〇〇五年。
・大橋俊雄『法然上人伝　下』法然全集別巻2、春秋社、一九九四年。
・笠原一男編『近世往生伝集成』一・二・三、山川出版社、一九七八～八〇年。
・笠原一男編著『近世往生伝の世界』教育者歴史新書、教育社、一九七八年。
・『滋賀県八幡町史』中巻・第五編民俗志「十三仏の廻り念仏」、清文堂出版復刻版、一九六九年。
・『近江八幡の歴史』第三巻・第三章「日牟禮八幡宮の十三仏」、近江八幡市、二〇〇七年。
・蒲池勢至「知多と島の信仰」『愛知県史』別編尾張・民俗2・第八章第六節、二〇〇八年。
・元興寺文化財研究所『法会（御回在）の調査研究報告書』、一九八三年。
・稲城信子「融通念仏信仰と『回在』」（元興寺文化財研究所『法会〈御回在〉の調査研究報告書』、一九八三年）。
・稲城信子「融通念仏信仰の展開」（元興寺文化財研究所『法会〈御回在〉の調査研究報告書』、一九八三年）。
・稲城信子「大和における融通念仏宗の展開　特に宇陀地域を中心に」（『国立歴史民俗博物館研究報告』

第一一二集、二〇〇四年）。
・内田隆子「十一尊来迎図の展開」（元興寺文化財研究所『法会〈御回在〉の調査研究報告書』、一九八三年）。
・大澤研一「融通念佛宗の六別時について」（大阪市立博物館『研究紀要』第二四冊、一九九二年）。
・『新修　大阪市史』第二巻・第五章第四節三「大念仏寺と練供養」、一九八八年。
・融通念佛宗教学研究所『融通念仏信仰の歴史と美術――論考編――』、東京美術、二〇〇〇年。
・竹田聴洲『民俗仏教と祖先信仰』、東京大学出版会、一九七一年。
・竹田聴洲「持仏堂の発展と収縮」（『村落の構造と寺院』竹田聴洲著作集第九巻所収、国書刊行会、一九九六年）。
・大桑斉『寺檀の思想』、教育社、一九七五年。
・千葉乗隆『中部山村社会の真宗』、吉川弘文館、一九七二年。
・千葉乗隆『真宗教団の組織と制度』、同朋舎出版、一九七八年。
・森岡清美「『辻本』考――近世真宗寺院の存在形態」（『真宗教団における家の構造』、お茶の水書房、一九七八年）。
・内田秀雄『日本の宗教的風土と国土観』、大明堂、一九七一年。
・蒲池勢至『真宗と民俗信仰』、吉川弘文館、一九九三年。
・蒲池勢至「名号の祭祀形態と機能――道場から寺院へ」（『蓮如名号の研究』同朋大学仏教文化研究所研究叢書Ⅰ、法藏館、一九九八年）。

あとがき

もう三十五年前のことになる。大学卒業をひかえて、一人で賀茂川の流れを見つめ続けていた。これから、どう生きていったらよいのか分からなかった。人と競って偉くなろうとするような生き方は、とても自分にはできないと感じていた。

私は二人の師と出遇った。と言っても、勝手に私が思っているだけであるが。一人は故竹田聴洲先生であった。先生の思い出については、旧著『真宗と民俗信仰』のあとがきに記したので、ここでは述べない。先生からは民俗学の手ほどきを受け、「仏教と祖先信仰」の課題を与えられた。いま一人の師は、僧侶になると決断してから出遇った池田勇諦先生である。池田先生からは、真宗とは何か、とりわけ「私」が真宗を学ぶことはどういうことか、ということを教えていただいた。先生の授業は起立・礼から始まった。「大学の授業で起立・礼か、高校生ではあるまいに」と思ったことを覚えている。真宗学概論からはじまり、浄土三部経や教化学・演習ゼミを受講した。正直、最初はいらいらの連続、抵抗感ばかりであった。これが「学問か」と疑問に思ったりもした。先生は、真宗学の必然性、浄土真宗、本願、釈尊、名号、光明、信心、浄土、往生、教団、教判、教化などについて、熱く語りかけてくれた。授業を受けるたびに引き込まれ、次第に抵抗感もどこかへいき、一言一句聞き漏らさないようになった。その頃、古いモンブランの万年筆にインク壺を携えて講義にのぞみ、先生の話される言葉をそのまま筆記していった。そのときの講義ノートは、いまでも手許にあり、真宗に疑問を抱いたときは読み返している。池田先生からは、僧侶として、一人の真宗門徒として生きる基礎を教えていただいた。残念なことは、その後、私が民俗学に回帰してしまい、真宗学や仏教学の教えを深めることができなかったことである。

本書は、二人の師から与えられた課題に対して、私なりに答えようとしたものである。第二章は新たに書き下ろしたが、その他は愛知県史や名古屋市史などの仕事で行った民俗調査、同朋大学仏教文化研究所での寺院調査、あるいは西口順子先生を中心とした絵系図調査などの成果を再構成して加筆した。さらに、関信子氏や稲城信子氏、国文関係などの先行研究なども使わしていただいた。論文とことなって、きちんとした註が付けられなかったのでご寛恕のほどをお願いしたい。また、仏教学や真宗学に関する教義的なところで誤りがあるとすれば、ひとえに浅学のため、ご教示を乞うばかりである。

私の現場は寺院であり、ご門徒である。早いのか遅いのか分からないが、朝の八時過ぎから月参りに出かけ、土曜日・日曜日は法事に追われている。深夜に電話があれば、すぐに枕勤めに行くようにしている。御遺骸の前で読経するときから「死との対峙」が始まる。そして、家族との短い会話のなかで一瞬のうちに「死の意味」を読みとり、どんな葬儀を執行したらよいのか考える。一人の人間の死という眼前の事実に向き合って、僧侶としての自分にいったい何ができるのか。何を語ることができるのであろうか。省みれば、十代の後半から「死とは何か」「生きるとは、どういうことか」と問い続けてきたように思う。いま、自分が生きているこの時代社会は、ますます死ぬことと生きることの意味が分からなくなってきている。意味のない死と生は空しい。ご門徒の一人ひとりは、きびしい現実のなかにある。癌と闘っている人、介護に困って疲れている人、子供があっても一人で寂しく生活している人、親が亡くなって相続でもめている兄弟、破産したり騙されて困窮している人、さまざまである。私自身も妻が身体障害の寝たきりとなり、介護に追われ続けている。男性介護や福祉行政の問題に直面している。病院の高度医療技術には驚くばかりであるが、一方で医師はパソコンのデータばかりながめて患者の顔すら見ようとしない。しかし、妻の入浴に訪れてくれるヘルパーさんには、ただ手を合わせるばかりである。僧侶は無力である。自身をも含めてご門徒の現実と向き合い、話を聞くことしかできない。「救われる」ということも、生きることも死ぬこともできないこの現実を離れては見いだせないのであろう。

最後に慶友社の桑室一之氏が、ねばり強く催促してくれなかったら、本書は成らなかった。また、学び続けることに理解を示してくれた父・故蒲池敬、そして日々の生活を支え続けてくれ、自坊を守り、介護の同志でもある母蒲池遵子にこの場をかりて深甚の御礼を言いたい。

二〇一一年に親鸞聖人七五〇回忌を迎える。この小著は、私一人の、ささやかな記念出版である。

二〇一〇年一月寒中

蒲池勢至

著者略歴

蒲池勢至（がまいけ　せいし）

一九五一年　愛知県生まれ

同志社大学文学部・同朋大学文学部卒業

現在　真宗大谷派長善寺住職・同朋大学仏教文化研究所客員研究員・愛知県史調査執筆委員

〔主要著書〕

『真宗と民俗信仰』吉川弘文館　一九九〇年

『真宗民俗の再発見』法蔵館　二〇〇四年

『太子信仰』（編著）雄山閣出版

『蓮如上人絵伝の研究』（共編著）東本願寺出版部

民衆宗教を探る

阿弥陀信仰

二〇一〇年六月二一日　第一刷発行

著　者　蒲池勢至

発行者　慶　友　社

〒一〇一－〇〇五一

東京都千代田区神田神保町二－四八

電　話〇三－三二六一－一三六一

FAX〇三－三二六一－一三六九

印刷・製本＝亜細亜印刷

© ISBN 978-4-87449-251-2　C3039